Corazón Rendido

Cuando la Adoración se Convierte en Eternidad

Diego Colon Batiz

ISBN: 979-8-9933302-2-8
Library of Congress Control Number: 2026904436
Publicadora 'Diego Colon Ministries'.
Teléfono: 407-900-1995
Email: pastor.diegocolon@gmail.com
Orlando, Florida, EE. UU

Creado por: Diego Colon Ministries
Diseños: Diego Colón

Dedicatoria

Dedico este libro primeramente a Dios, quien ha sido mi inspiración constante y la fuente de toda palabra escrita en estas páginas. A Él, que me enseñó que la verdadera adoración no termina en un cántico, sino en una vida rendida por completo.

Lo dedico también a mi familia, que ha caminado conmigo en este trayecto ministerial y literario. Gracias por ser mi refugio, mi apoyo y mi mayor motivación en medio de cada desafío. Su amor me ha recordado que la adoración comienza en casa.

Finalmente, lo dedico a cada creyente que ha seguido esta serie de libros desde el inicio con *El Precio del Llamado* hasta este cierre. Ustedes son la razón por la que estas páginas existen: para equiparlos, confrontarlos y animarlos a vivir una vida que refleje el corazón de un adorador. Que este último libro no sea un final, sino un nuevo comienzo en su caminar con Cristo.

Prologo

La adoración es presentada en esta obra como uno de los pilares fundamentales de la vida cristiana. El libro invita al lector a ir más allá de las expresiones externas y a reflexionar sobre el verdadero significado de una vida rendida delante de Dios.

El Obispo Diego Colón Batiz afirma que la adoración no se limita a cantos o momentos litúrgicos, sino que constituye un estilo de vida, un testimonio constante y una misión que transforma al creyente desde lo más profundo de su ser.

La obra muestra cómo la adoración sostiene al creyente en medio del dolor, la caída o la adversidad, ayudándole a no rendirse y a mantener su mirada puesta en la esperanza eterna. Así, el libro presenta la adoración como una experiencia que conecta lo cotidiano con la eternidad.

Yattenciy Bonilla

Prefacio

Este libro nació del deseo profundo de volver a poner la adoración en el lugar que le corresponde en la vida del creyente. En mi caminar he visto cómo la iglesia, en muchos contextos, ha confundido adoración con música, con eventos bien organizados o con un tiempo emocional dentro del servicio. Sin embargo, la verdadera adoración no comienza con un instrumento, sino con un corazón rendido delante del trono. No es un arte humano, es una respuesta divina que nace en el alma cuando se reconoce la grandeza de Dios. Este libro no pretende ser una guía teórica, sino un clamor escrito para que el lector redescubra la esencia de la adoración genuina. La meta no es aprender a cantar mejor, sino aprender a vivir postrados en espíritu y en verdad.

He aprendido que la adoración no siempre se eleva desde momentos fáciles. Muchas veces surge en medio de lágrimas, cuando la vida parece derrumbarse. Allí es donde la adoración demuestra su verdadero poder: sostenernos en la presencia de Dios cuando nada más parece firme. En mi propia experiencia, adoré en la pérdida, adoré en la confusión, y descubrí que cada cántico sincero abre el cielo y trae consuelo. Es en esos lugares de quebranto donde Dios muestra que su gracia es suficiente. Esa vivencia marcó mi corazón y me llevó a escribir con la certeza de que la adoración es vital en todo tiempo.

Cada capítulo que encontrarás en estas páginas es un reflejo de la vida real, con sus luchas y victorias. No están pensados para un adorador ideal, sino para hombres y mujeres que enfrentan cansancio, soledad, rechazo, miedo y batallas internas. La adoración aquí es presentada como la llave que conecta cada situación con el trono de la gracia. No es un adorno en la fe, es la esencia misma de la relación con Dios. Mi oración es que mientras avances en cada tema, descubras que la adoración no es un acto ocasional, sino una manera de vivir. Ese descubrimiento traerá libertad y transformación.

Este libro no está escrito para músicos, sino para todo creyente que desee profundizar en su caminar con Cristo. La música puede ser parte de la adoración, pero la vida entera debe convertirse en un altar. He visto cómo muchos confunden levantar manos con rendir la vida, y allí es donde la esencia se pierde. Dios busca adoradores, no animadores de multitudes. Busca corazones quebrantados que vivan con integridad y devoción, aun cuando nadie los vea. Esa es la adoración que toca el cielo.

Mi deseo es que al leer, cada persona sienta la invitación a examinar su propia vida de adoración. Que no se quede con palabras bonitas o reflexiones pasajeras, sino que entre en un encuentro personal con Dios. Este libro es un llamado a derribar rutinas vacías y volver a la pasión por Cristo. No importa si la vida ha estado marcada por caídas, heridas o sequedades; la adoración siempre puede restaurar lo que parecía perdido. En cada capítulo encontrarás un desafío práctico, porque la adoración verdadera siempre se traduce en acción. No hay adoración sin transformación.

La adoración es la respuesta que el cielo espera de nosotros, y la iglesia necesita volver a ella con urgencia. Este libro quiere ser un instrumento para despertar al adorador que quizás ha estado dormido dentro de ti. No se trata de emociones pasajeras, sino de un estilo de vida que glorifica a Dios en todo momento. Mi esperanza es que estas páginas te inspiren a convertir cada día en un altar y cada respiración en una ofrenda. Si lo logras, habrás encontrado el propósito más profundo del ser humano: vivir para adorar a Aquel que es digno por los siglos de los siglos. Esa es la canción que nunca se acaba.

Introducción General

La adoración es más que un momento musical; es el pulso de la vida cristiana. Muchos creyentes la reducen a un tiempo dentro de un servicio, sin comprender que es el lenguaje eterno del cielo. Adorar es rendirse, entregar la voluntad y reconocer la grandeza de Dios sobre toda circunstancia. No se trata de melodías, sino de corazones encendidos por Su presencia. Cada adorador auténtico descubre que cantar es solo una expresión externa de una devoción más profunda. La verdadera adoración es la esencia de nuestra relación con el Creador.

En cada generación, Dios ha levantado adoradores que marcan diferencia. No son conocidos por su talento, sino por su entrega sincera al Señor. Abraham adoró en obediencia al entregar lo más valioso, David adoró en quebranto y Moisés adoró en reverencia ante el Dios Santo. En todos los casos, la adoración fue el hilo que conectó la fe con la eternidad. La adoración auténtica trasciende épocas y estilos. Siempre se centra en la gloria de Dios.

Este libro no pretende hablar de la adoración como teoría, sino como experiencia viva. Aquí no encontrarás fórmulas vacías, sino llamados a una vida que se rinde en cada situación. La adoración no se limita a victorias, también se manifiesta en lágrimas y pruebas. Cada capítulo aborda cómo el adorador enfrenta realidades distintas y permite que la adoración sea el puente al trono. Es una confrontación directa contra la apatía espiritual. Es una invitación a volver al corazón de la adoración genuina.

Vivimos en un tiempo en el que muchos confunden adoración con entretenimiento. Se busca emoción, luces y experiencias pasajeras más que intimidad con Dios. Sin embargo, la adoración verdadera no necesita escenarios, sino corazones rotos que se humillan delante del Señor. Es allí donde el cielo se abre y la gloria desciende. El reto de este tiempo es discernir la diferencia entre lo superficial y lo eterno. Solo la adoración en espíritu y en verdad trasciende.

Cada tormenta, cada valle y cada batalla revelan de qué está hecha nuestra adoración. Cuando la fe es sacudida, el cántico se convierte en prueba de confianza. La adoración en medio del dolor habla más fuerte que mil sermones. Allí Dios se manifiesta con poder porque encuentra un corazón rendido. Este libro busca despertar en el lector la urgencia de adorar en todo tiempo. La vida misma se convierte en altar.

La adoración también es misión. No puede quedarse encerrada en las paredes de un templo. Cada adorador que levanta cánticos sinceros se convierte en testigo del Evangelio. La misión de alcanzar almas nace en la intimidad de la adoración. El corazón que arde por Dios arde también por los perdidos. La adoración auténtica siempre envía.

Más que una emoción, la adoración es transformación. Nadie puede entrar en la presencia de Dios y salir igual. El rostro de Moisés brillaba porque había estado en el monte, y de la misma manera, el adorador refleja la gloria de Dios. Cada cántico sincero produce cambio en carácter, pensamientos y actitudes. La adoración no se mide por lo que se siente, sino por lo que transforma. Allí se revela su poder verdadero.

El enemigo odia la adoración porque sabe que es la llave que conecta cielo y tierra. Por eso intenta distraer, enfriar y desviar al creyente hacia rutinas vacías. Un adorador enfocado es un peligro para las tinieblas. Su cántico rompe cadenas y abre atmósferas de libertad. Este libro busca despertar soldados de adoración que vivan en constante rendición. Cada capítulo es un arma contra la pasividad espiritual.

Al abrir estas páginas, el lector será confrontado y desafiado. No es un recorrido ligero, es una invitación a profundizar en el llamado de ser adorador. Aquí descubrirás que la adoración no se limita a un evento, sino que define toda tu vida. Cada capítulo mostrará cómo adorar en el valle, en la cima, en la tormenta y en la misión. Este viaje terminará recordándonos que nuestra última canción será entonada en la eternidad. Y mientras ese día llega, somos llamados a vivir adorando en todo momento.

Tabla de Contenido

Capítulo 1
Cuando la Adoración Abre la Conexión al Trono de Dios

Hebreos 4:16
Acerquémonos, pues, confiadamente al trono de la gracia, para alcanzar misericordia y hallar gracia para el oportuno socorro.

Introducción

La adoración no es un ritual vacío, sino la llave que abre el acceso directo a la sala del Rey. Cada vez que un creyente levanta un cántico sincero, algo en lo espiritual se abre y conecta el corazón humano con el trono eterno. Es allí donde la adoración deja de ser canción y se convierte en encuentro, porque el adorador entiende que está delante del Dios vivo. La adoración auténtica derriba las barreras de miedo, culpa y duda, acercando al creyente con confianza a recibir misericordia y gracia. El que adora entra en un espacio donde la presencia de Dios se manifiesta como realidad palpable. Este capítulo nos confronta a preguntarnos: ¿Estamos adorando de forma que verdaderamente abre la conexión al trono de Dios?

La llave que abre el trono

La adoración sincera no es un protocolo humano, sino la llave que abre el acceso a lo celestial. Cuando el adorador se acerca con corazón quebrantado, Dios responde con gracia abundante. Cada cántico verdadero rompe las cadenas que intentan mantener al creyente en distancia y frialdad espiritual. La llave de la adoración abre lo que el esfuerzo humano jamás podría abrir. Es la humildad mezclada con exaltación lo que toca el corazón de Dios. Por eso, un adorador sincero nunca se queda afuera, siempre es recibido en el trono de la gracia.

La adoración no depende de música, instrumentos o escenarios, sino de un corazón que reconoce su necesidad de Dios. Esa llave no se compra ni se aprende en técnicas, se forja en lo secreto con lágrimas y rendición. El creyente que abre su boca en adoración sabe que está abriendo puertas eternas. Aunque otros lo ignoren, en lo espiritual se activan movimientos celestiales. La adoración genuina no pide permiso para entrar, porque el mismo Dios ha dado acceso por medio de Cristo. El trono se abre cuando el corazón se postra en espíritu y en verdad.

En la antigüedad, solo el sumo sacerdote podía entrar al lugar santísimo una vez al año, pero ahora la adoración abre ese acceso en cualquier momento. La sangre de Cristo rasgó el velo, y la llave de la adoración permite al creyente atravesar ese lugar sagrado. Cada palabra exaltada con fe se convierte en credencial para entrar ante el Rey. Esa entrada no es simbólica, es espiritual y real, y todo el cielo lo reconoce. El adorador que entiende esto nunca desprecia la oportunidad de adorar. Quien guarda silencio en adoración pierde la llave que abre la gracia de lo alto.

La llave de la adoración es también obediencia. No se trata solo de cantar, sino de vivir en reverencia a la voluntad de Dios. La canción más hermosa pierde poder si el corazón está en rebeldía, porque la llave se oxida con desobediencia. Pero el corazón rendido y humilde activa puertas que estaban cerradas. Cada paso en obediencia fortalece la entrada a la presencia del Señor. Así, el adorador aprende que no basta con levantar manos, sino con vivir en fidelidad. Esa es la llave que abre lo eterno y derrama lo divino.

El trono de Dios no es un lugar lejano ni inalcanzable, porque la adoración acerca lo eterno a lo humano. Cada vez que alguien decide adorar, un portal se abre desde la tierra hacia el cielo. Allí, la misericordia desciende y la gracia fluye como río interminable. Esa llave abre no solo para uno mismo, sino también para interceder por otros. La adoración sincera mueve la mano de Dios a favor de quienes claman con fe. Por eso, cada creyente debe cuidar y usar esa llave con conciencia, porque es el acceso más poderoso que se nos ha dado.

El cielo que responde

La adoración no solo sube como incienso, sino que activa respuesta del cielo. Cuando el pueblo adora, el Dios del universo desciende a habitar en medio de sus alabanzas. Cada cántico verdadero provoca movimiento angelical y desata intervención divina. El cielo no se queda en silencio cuando alguien adora de corazón. Hay respuesta, hay liberación y hay victoria. El adorador lo entiende y por eso persevera en exaltar el nombre de Cristo.

La adoración auténtica cambia atmósferas. Donde había opresión, llega libertad. Donde reinaba tristeza, desciende gozo. El cielo responde porque reconoce la voz del adorador que clama con sinceridad. No son melodías bonitas lo que conmueve a Dios, sino corazones rendidos. Esa es la diferencia entre un canto vacío y una adoración transformadora. El cielo siempre responde a lo genuino.

En medio de batallas, la adoración se convierte en estrategia celestial. Los muros de Jericó no cayeron con espadas, sino con gritos de adoración. El cielo respondió al sonido de un pueblo que confiaba en el poder de Dios más que en sus armas. Lo mismo sucede hoy cuando la iglesia adora en fe. Las cadenas se rompen, las puertas se abren y los cielos se estremecen. La adoración provoca que Dios actúe.

El cielo responde porque la adoración revela confianza. Cuando alguien adora en medio del dolor, demuestra que cree más en Dios que en las circunstancias. Ese acto mueve el corazón del Padre y atrae su intervención. La fe se expresa en adoración, y esa fe nunca queda sin respuesta. Aunque la respuesta no sea inmediata, el cielo ya se ha movido. Dios escucha y obra a favor de los que le exaltan.

No hay oración más poderosa que la que está acompañada de adoración. La alabanza sube como incienso y abre paso a la intervención divina. El cielo responde porque el trono se complace en la exaltación de su nombre. Cuando la iglesia adora, la gloria desciende y transforma la realidad. El cielo no puede ignorar un corazón que lo adora. Por eso, la adoración es la señal de que pronto viene la respuesta.

El corazón preparado

Dios no se agrada de sacrificios vacíos, sino de corazones preparados en pureza. La adoración genuina solo puede fluir de un corazón que ha sido limpiado por la sangre de Cristo. El adorador que guarda rencor o pecado oculto no puede experimentar la plenitud de la presencia divina. Preparar el corazón es más importante que preparar la voz. Dios busca verdad en lo íntimo, no espectáculo exterior. Solo los limpios de corazón verán a Dios en su gloria.

El corazón preparado se cultiva en oración y quebrantamiento. No se trata de llegar perfecto, sino de llegar sincero. Cuando el adorador confiesa sus fallas y se rinde, el Espíritu Santo purifica lo que estaba manchado. Ese acto abre el camino para una adoración auténtica. Dios no rechaza un corazón contrito y humillado. Es allí donde la adoración se vuelve fragancia agradable.

La preparación del corazón también implica perdonar. Un adorador que guarda ofensas levanta barreras espirituales que impiden la conexión al trono. La falta de perdón apaga la voz de la adoración. Pero cuando el creyente suelta las heridas, su canto se eleva con libertad. Dios no escucha melodías cargadas de amargura, pero sí responde al que adora desde la reconciliación. Preparar el corazón es requisito para adorar en espíritu y en verdad.

El corazón preparado es aquel que se enfoca en Dios y no en sí mismo. La adoración no es para impresionar a hombres, sino para agradar al Señor. Cuando la motivación es correcta, la gloria de Dios desciende. El orgullo y la vanagloria son enemigos de la adoración genuina. Solo la humildad abre camino al trono. Preparar el corazón es decidir que todo lo que se hace es para Él y no para otros.

Cada adorador debe examinarse antes de levantar cánticos. El altar del corazón necesita ser limpiado continuamente. Esa preparación no es un evento aislado, es un estilo de vida de santidad. Un corazón que se guarda cada día es un corazón que siempre está listo para adorar. Allí la conexión al trono se mantiene abierta constantemente. Por eso, la adoración genuina nace de corazones preparados con temor y reverencia.

El Espíritu como transmisor

La adoración verdadera no es un esfuerzo humano, sino una obra del Espíritu Santo. Él es quien toma nuestras palabras y las eleva como ofrenda delante de Dios. El creyente que adora sin depender del Espíritu se queda en lo natural. Solo cuando el Espíritu se involucra, la adoración se convierte en encuentro sobrenatural. El adorador necesita reconocer su dependencia del Espíritu. Sin Él, la adoración no trasciende.

El Espíritu Santo conecta el corazón humano con la eternidad. Como transmisor divino, convierte las notas y palabras en comunicación celestial. Lo que parece débil a los ojos humanos, el Espíritu lo convierte en poder delante del trono. Por eso, un cántico simple puede abrir el cielo cuando está impregnado de Su presencia. No importa lo elaborado, importa lo ungido. Es el Espíritu quien marca la diferencia.

El Espíritu Santo también guía la adoración. Él inspira qué decir, qué cantar y hasta cuándo guardar silencio. Sin esa guía, la adoración se convierte en rutina. Con Su dirección, se convierte en un mover que toca la eternidad. El adorador que se somete al Espíritu nunca cae en vacío, siempre es llevado a la profundidad. Por eso, el Espíritu es indispensable en la conexión al trono.

El Espíritu Santo da vida a la adoración porque revela a Cristo. La verdadera adoración siempre exalta al Hijo y glorifica al Padre. El Espíritu no busca protagonismo, sino que dirige todo al Cordero. Cuando el creyente se deja llevar por Él, la adoración fluye con propósito. Es imposible adorar correctamente sin Su intervención. Él es el transmisor entre lo humano y lo divino.

El Espíritu Santo también es quien traduce lo que el corazón no puede expresar. Hay gemidos y suspiros que las palabras no alcanzan. Allí entra el Espíritu con intercesiones indecibles. Él lleva esa adoración al Padre en perfección. El adorador que se rinde a Él sabe que su cántico tiene respaldo celestial. El Espíritu convierte la debilidad en adoración poderosa.

Transformados por la gloria

La adoración genuina nunca deja al adorador igual. Quien entra en la presencia de Dios sale transformado. El resplandor de Su gloria marca al que lo contempla en adoración. Moisés descendió del monte con el rostro brillante porque había estado con Dios. Así, cada adorador lleva en su vida evidencia de haber estado en el trono. La adoración produce transformación real.

El cambio que produce la adoración comienza en lo interno. El corazón endurecido se ablanda bajo la gloria de Dios. Las actitudes carnales ceden ante la luz divina. Lo que parecía imposible de vencer se quiebra en la presencia del Señor. La adoración no es entretenimiento, es proceso de santificación. Todo el que adora genuinamente es cambiado.

La adoración transforma también la manera de pensar. El adorador deja de ver con ojos naturales y comienza a discernir con visión espiritual. La gloria de Dios renueva la mente y la enfoca en lo eterno. Las preocupaciones pierden peso frente a Su grandeza. El que adora aprende a ver la vida desde el trono. Esa perspectiva lo fortalece y lo dirige.

La adoración cambia la manera de sentir. Donde había desesperanza, nace confianza. Donde había tristeza, surge gozo.

La gloria de Dios sana emociones heridas y restaura corazones quebrados. El adorador no puede salir igual después de experimentar Su presencia. La transformación es la evidencia de una adoración verdadera.

La adoración también transforma comunidades. Una iglesia que adora en espíritu y en verdad no se queda estancada. La gloria desciende y produce avivamiento colectivo. Familias enteras cambian, jóvenes son restaurados y los enfermos reciben esperanza. La adoración trae un mover que impacta más allá del individuo. Esa transformación es testimonio de que el cielo ha tocado la tierra.

La adoración como estilo de vida

La adoración no termina cuando cesa la música. Un verdadero adorador convierte cada acción en ofrenda diaria. Su vida entera se convierte en altar delante de Dios. Lo que hace, lo que dice y cómo vive reflejan su devoción. La adoración como estilo de vida es mucho más que un momento, es una forma de existir. Cada día es oportunidad para adorar.

El adorador verdadero aprende que sus decisiones son parte de su adoración. Lo que elige ver, hablar y hacer es un cántico continuo al Señor. La obediencia es melodía más fuerte que cualquier canción. La integridad se convierte en su mejor alabanza. La vida cotidiana se vuelve escenario donde Dios recibe gloria. Así, la adoración trasciende los templos.

La adoración como estilo de vida también se refleja en cómo tratamos a otros. Amar, servir y perdonar son expresiones de adoración práctica. El adorador que maltrata o guarda odio contradice su cántico. Dios se agrada más de un corazón misericordioso que de labios que solo cantan. Cada gesto de compasión es una nota en la sinfonía de la vida. La adoración genuina se demuestra en amor.

Convertir la adoración en estilo de vida es vivir conscientes de la presencia de Dios en todo lugar. No se limita a un servicio dominical, sino que permea cada instante. El adorador sabe que en su trabajo, en su familia y en sus luchas, sigue en el altar. Esa conciencia lo guarda de pecar y lo motiva a vivir en santidad. La adoración diaria es evidencia de madurez espiritual.

El adorador que hace de su vida una ofrenda diaria entiende que lo temporal no lo define. Su propósito es agradar al Señor en todo. Así, su existencia se convierte en testimonio vivo. Su vida canta incluso cuando su boca guarda silencio. La adoración como estilo de vida es la mayor conexión al trono de Dios. En ella, el cielo y la tierra se encuentran constantemente.

Oración final

Señor, abre mis ojos para entender que la adoración es el acceso más grande que me has dado. Purifica mi corazón, guía mis labios y haz de mi vida un altar constante delante de Ti. Que cada vez que adore, tu gloria descienda y transforme mi ser.

Desafío práctico

Hoy toma un momento de silencio, cierra tus ojos y adora sin música, solo con tus palabras. Reconoce quién es Dios, ríndete delante de Él y permite que el Espíritu Santo te lleve al trono. Haz de esto una práctica diaria hasta que la adoración sea tu estilo de vida completo.

Capítulo 2
Corriendo con Propósito en Medio del Cansancio

Filipenses 3:14
Prosigo a la meta, al premio del supremo llamamiento de Dios en Cristo Jesús.

Introducción

La vida cristiana es una carrera de resistencia donde la adoración nos da aliento para seguir adelante. No se trata de una competencia contra otros, sino de mantenernos firmes hasta alcanzar la meta que Dios nos ha señalado. El camino es largo, lleno de obstáculos, luchas internas y externas, y momentos en los que el cansancio parece invadir cada parte del ser. Sin embargo, la adoración se convierte en el respiro que nos impulsa a continuar cuando sentimos que no podemos más. Cada cántico y cada acto de rendición nos recuerda que no corremos en nuestras fuerzas, sino en la gracia del Señor. El adorador entiende que, aunque la carrera es exigente, la meta es gloriosa y vale todo esfuerzo.

Dejar atrás el peso del pasado

Nadie puede correr con libertad si carga sacos pesados en la espalda. De la misma manera, el creyente no puede avanzar en su carrera espiritual mientras esté atado a culpas, fracasos y recuerdos de dolor. La adoración rompe esas cadenas, liberando el corazón de lo que lo detiene. Allí el adorador encuentra la gracia que lo invita a mirar hacia adelante. El pasado deja de ser una prisión y se convierte en testimonio de la fidelidad de Dios. Así, el corredor se despoja del peso innecesario y avanza con ligereza hacia la meta.

El pasado no se borra, pero tampoco debe definir el presente ni el futuro. Muchos se quedan atrapados en lo que hicieron mal o en lo que nunca lograron. La adoración los saca de ese ciclo porque pone los ojos en el Dios que restaura y no en el error cometido. Adorar es declarar que Cristo tiene la última palabra sobre la vida del creyente. Cuando el corazón se rinde en alabanza, las ataduras del ayer pierden poder. La carrera se hace más ligera cuando ya no se arrastran culpas. Esa es la victoria que trae la adoración sincera.

El corredor que insiste en cargar el pasado se desgasta más rápido y pierde dirección. Cada paso se vuelve doloroso porque las cargas restan fuerza. La adoración, en cambio, aligera el camino porque deposita todo en el altar. Allí el Espíritu Santo recuerda que en Cristo somos nuevas criaturas. Nada de lo viejo tiene dominio sobre lo nuevo que Él ha declarado. Correr sin cargas es un privilegio de los que adoran de corazón. Por eso, cada creyente debe aprender a soltar en adoración lo que ya no pertenece a su futuro.

Dios no llama a correr con cadenas, sino con libertad. El pasado ya fue tratado en la cruz, y la adoración lo afirma con convicción. No hay condenación para los que están en Cristo Jesús. Esa verdad se hace viva cada vez que el adorador levanta sus manos y proclama su libertad. La carrera deja de ser pesada cuando se corre bajo el perdón divino. Allí, la adoración se convierte en liberación práctica.

Cada vez que adoramos, Dios nos recuerda que no somos definidos por lo que hicimos, sino por lo que Él ya hizo en nosotros. La cruz nos garantiza un nuevo comienzo cada día. El adorador aprende a correr sin mirar hacia atrás, porque la meta está adelante. Esa convicción le permite avanzar con paso firme y sin distracciones. La adoración abre un horizonte limpio donde el pasado queda en el olvido. Solo así se puede correr con propósito verdadero.

Mirar al blanco eterno

La carrera cristiana no tiene sentido si no hay una meta clara. El adorador entiende que no corre tras logros terrenales, sino hacia Cristo, que es el blanco supremo. Mirar al blanco eterno significa enfocar la vida en lo que tiene valor eterno. Todo lo demás pierde importancia cuando la mirada está fija en el Señor. La adoración ayuda a mantener ese enfoque, porque recuerda quién es digno de recibir toda la gloria. El que adora no se distrae, porque sabe hacia dónde se dirige.

Las distracciones abundan en el camino, y muchas parecen buenas pero no conducen a la meta. El enemigo sabe que no siempre necesita destruir, a veces basta con desviar. El adorador combate esto manteniendo la vista en Cristo a través de la adoración. Cada cántico se convierte en un recordatorio de lo eterno. Esa fijación en el blanco es lo que permite resistir las tentaciones y desvíos del camino. La adoración protege la visión espiritual.

Mirar al blanco eterno también significa tener esperanza en medio de las pruebas. El corredor cansado se anima al recordar que la meta es segura. Aunque los pasos sean difíciles, el final está garantizado en Cristo. La adoración mantiene viva esa esperanza, porque conecta el corazón con la gloria futura. El adorador no se queda atrapado en lo temporal, sino que se proyecta hacia lo eterno. Esa visión lo sostiene en medio del cansancio.

El blanco eterno no es un lugar, es una persona: Cristo Jesús. Él es el autor y consumador de la fe, el motivo por el cual seguimos corriendo. La adoración nos mantiene conectados con Él, recordando que todo esfuerzo es por Su gloria. Cada vez que cantamos y nos rendimos, reafirmamos que nuestro destino es estar con Él. Mirar al blanco eterno es mirar al Señor en todo momento. Esa certeza renueva fuerzas en cada paso.

El que pierde de vista el blanco corre sin propósito y se desgasta en lo vano. Pero el adorador que fija sus ojos en Cristo corre con determinación. Nada lo distrae porque sabe lo que le espera al final. La adoración es el ancla que sostiene la mirada en lo correcto. Allí se encuentra la motivación para seguir, aunque el cansancio sea fuerte. El blanco eterno es suficiente para mantener la carrera con pasión.

La fuerza que viene del Espíritu

El cansancio es inevitable en cualquier carrera, pero en la espiritual hay una fuente inagotable de fuerza: el Espíritu Santo. Él es quien renueva al corredor agotado y lo impulsa a seguir. Sin el Espíritu, el creyente se desgasta rápidamente y pierde dirección. Con el Espíritu, la carrera se vuelve posible aun en medio de la debilidad. La adoración abre espacio para que Su poder fluya en nosotros. El adorador aprende a correr no en sus fuerzas, sino en las del Espíritu.

El Espíritu Santo no solo da fuerza, sino también aliento. Él es el consolador que anima al creyente en los momentos más difíciles. Cuando la mente dice que no se puede más, el Espíritu recuerda que Su gracia es suficiente. Esa voz interior levanta al cansado y lo empuja hacia adelante. La adoración abre el corazón para escuchar ese aliento divino. Allí, la fuerza del Espíritu se convierte en realidad palpable.

La adoración es el canal por el cual el Espíritu renueva al creyente. No es magia ni emoción pasajera, es una impartición real de poder. El adorador que se rinde experimenta la frescura de Dios en lo más profundo de su ser. El cansancio se transforma en energía espiritual que permite avanzar. Esa fuerza no viene de motivación humana, sino de lo alto. El Espíritu es la fuente inagotable para todo corredor de la fe.

El Espíritu Santo fortalece incluso en las áreas donde más flaqueamos. Él conoce nuestras debilidades y nos capacita para enfrentarlas. La adoración nos conecta con esa gracia que perfecciona lo débil. El creyente aprende que no necesita aparentar fuerza, sino depender del Espíritu. Allí radica la verdadera victoria en la carrera. El poder de Dios se perfecciona en la debilidad del hombre.

El que corre sin el Espíritu se agota y se rinde fácilmente. Pero el que depende de Él encuentra fuerzas nuevas cada día. La adoración mantiene abierta la fuente de ese poder. No importa cuán larga sea la carrera, el Espíritu siempre provee lo necesario. La fuerza que viene de lo alto sostiene al adorador hasta llegar a la meta. Esa es la garantía de quienes confían en el Señor.

Vencer el cansancio espiritual

El cansancio espiritual es una realidad que golpea incluso a los más fieles. La rutina, las pruebas y las batallas internas desgastan al creyente. Sin embargo, la adoración es el antídoto que restaura cuando el alma quiere rendirse. Allí el adorador recibe frescura, paz y nueva pasión. El cansancio se disipa cuando la presencia de Dios llena el corazón. La adoración convierte el agotamiento en renovación.

Muchos abandonan la carrera porque no saben cómo enfrentar el cansancio espiritual. Intentan con esfuerzos humanos, pero se sienten cada vez más vacíos. La adoración les ofrece una salida real, porque conecta directamente con la fuente de vida. Cantar, orar y rendirse delante de Dios abre espacio para que el Espíritu Santo renueve el interior. Esa práctica no elimina las luchas, pero fortalece para enfrentarlas. El cansancio deja de ser final cuando hay adoración.

Vencer el cansancio espiritual implica reconocer la necesidad de Dios. El orgulloso intenta seguir corriendo solo, pero pronto se desploma. El humilde se rinde en adoración y recibe nuevas fuerzas. La dependencia se convierte en la clave para resistir. Cada acto de adoración es una confesión de que no podemos sin Él. Esa confesión abre las puertas a la fortaleza divina.

El adorador aprende a convertir su debilidad en altar. Allí lleva sus cargas, su agotamiento y su desánimo. En ese lugar de rendición, el Espíritu Santo imparte nuevo vigor. El cansancio se transforma en testimonio de renovación. La adoración no ignora la fatiga, la enfrenta con el poder de Dios. Por eso, cada vez que el alma quiere rendirse, la adoración la levanta.

El cansancio espiritual nunca debe ser excusa para abandonar. Es más bien una señal de que necesitamos volver a la presencia de Dios. La adoración restaura lo que el mundo desgasta. El adorador persevera porque ha aprendido a renovar sus fuerzas continuamente en el altar. Así, la carrera no se detiene, porque siempre hay frescura en la adoración. Esa es la clave para vencer el cansancio y seguir hasta el final.

La carrera no es en vano

Cada paso en la carrera cristiana tiene un propósito eterno. Aunque el camino sea duro, nada de lo que se hace para Dios se pierde. La adoración recuerda constantemente que todo sacrificio produce fruto. El creyente que adora entiende que sus lágrimas, su esfuerzo y su fidelidad no son ignorados por el cielo. Dios valora cada acto de devoción sincera. La carrera nunca es en vano cuando se corre para Cristo.

El enemigo intentará convencer al creyente de que su esfuerzo es inútil. Las circunstancias pueden hacer pensar que nada cambia, que nada vale la pena. Pero la adoración renueva la convicción de que todo tiene sentido en el plan eterno de Dios. Allí el adorador entiende que está sembrando para una cosecha gloriosa. Nada se desperdicia cuando se hace en rendición a Dios. Esa es la confianza que sostiene la carrera.

La adoración también enseña a valorar lo eterno sobre lo temporal. Muchas veces los frutos no se ven de inmediato, pero eso no significa que no existan. Dios recompensa en Su tiempo y de acuerdo a Su propósito. El adorador aprende a esperar sin desmayar porque sabe que su carrera no es en vano. Cada cántico, cada oración y cada lágrima tienen peso en la eternidad. Esa verdad lo mantiene firme en el camino.

La carrera cristiana no se mide por lo que el mundo considera éxito. No se trata de aplausos ni reconocimientos, sino de fidelidad al Señor. La adoración protege el corazón de esas comparaciones vacías. El adorador sabe que corre para un premio superior, no para lo terrenal. Por eso no se frustra, sino que se mantiene enfocado en lo eterno. La carrera tiene valor porque está centrada en Cristo.

Dios nunca olvida el esfuerzo de Sus hijos. Aunque nadie más lo vea, Él observa cada paso y cada sacrificio. La adoración mantiene esa convicción viva en el corazón. El corredor sigue porque sabe que hay un galardón eterno esperando. Nada es en vano cuando se vive y se adora para el Señor. Esa certeza fortalece al creyente en medio de cualquier prueba.

Terminar con gozo

El verdadero adorador no solo comienza la carrera, sino que la termina con gozo. No basta con correr bien un tiempo, es necesario perseverar hasta el final. La adoración es lo que mantiene viva la pasión hasta cruzar la meta. Allí, al final, el adorador celebra a Dios por haber sido sostenido en todo momento. Terminar con gozo es el premio de los fieles. La adoración asegura que el cierre sea glorioso.

El gozo de terminar no viene de la ausencia de pruebas, sino de la victoria sobre ellas. Cada paso difícil se convierte en motivo de celebración al llegar a la meta. La adoración transforma las cicatrices en testimonios. El adorador mira hacia atrás y reconoce la gracia de Dios en cada tramo. Eso le permite cruzar el final con alegría en lugar de amargura. El gozo es fruto de haber corrido en dependencia de Dios.

Terminar con gozo también significa dejar un legado. El adorador que persevera inspira a otros a seguir la carrera. Sus pasos se convierten en guía para los que vienen detrás. La adoración mantiene vivo ese testimonio, porque refleja constancia y fidelidad. Terminar no es solo un logro personal, es un regalo para toda la comunidad de fe. Allí el gozo se multiplica.

El creyente que adora aprende a no enfocarse solo en el cansancio, sino en el final glorioso. Esa visión lo sostiene en medio de las dificultades. Cada vez que adora, recuerda que un día escuchará: "Bien, buen siervo y fiel". Esa expectativa llena de gozo cada paso de la carrera. Terminar con alegría es posible porque la meta está asegurada en Cristo. El adorador nunca termina vacío.

Dios ha prometido una corona de vida para los que perseveren hasta el final. Ese es el gozo supremo del adorador. No importa cuán difícil haya sido la carrera, lo que importa es llegar y recibir el premio eterno. La adoración mantiene esa esperanza firme. Por eso, el adorador no teme al cansancio, porque sabe que terminará celebrando en la presencia de Dios. Terminar con gozo es la victoria final del adorador fiel.

Oración final

Señor, en medio de mi cansancio recuérdame que corro hacia Ti y no en mis fuerzas. Renueva mi corazón con tu Espíritu y enséñame a adorar aun cuando me falten fuerzas. Que mi vida sea un testimonio de perseverancia hasta cruzar la meta en gozo eterno.

Desafío práctico

Hoy haz una pausa y dedica tiempo a adorar cuando sientas cansancio físico o espiritual. Rinde tus cargas delante del Señor y permite que Su Espíritu renueve tus fuerzas. Haz de cada día un tramo de carrera donde la adoración sea tu combustible constante.

Capítulo 3
Abrazado por el Espíritu en la Soledad

Juan 14:18
No os dejaré huérfanos; vendré a vosotros.

Introducción

La soledad puede ser un lugar de dolor, pero también donde la presencia del Espíritu nos envuelve. El ser humano suele temer los momentos de aislamiento porque exponen sus debilidades y pensamientos más profundos. Sin embargo, el adorador aprende que en esos espacios de silencio y aparente abandono, el Espíritu Santo se manifiesta con más ternura y cercanía. La soledad, lejos de ser una prisión, puede convertirse en santuario donde el corazón escucha a Dios con mayor claridad. Allí se revelan consuelos que no se experimentan en la multitud. El que adora en soledad descubre que nunca está realmente solo, porque el Espíritu siempre está presente.

El anhelo de Su presencia

El verdadero adorador sabe que la soledad despierta hambre por la presencia de Dios. Cuando las voces externas callan, el alma clama con mayor intensidad por el toque divino. Ese anhelo se convierte en el motor que impulsa al creyente a adorar más profundamente. La adoración en soledad no se centra en el ruido, sino en el encuentro íntimo. Allí el Espíritu responde al deseo genuino con derramamiento de Su gloria. El anhelo del adorador atrae la presencia de Aquel que prometió nunca dejarlo.

El anhelo por Dios en la soledad se asemeja a la sed en medio del desierto. Nada más puede saciar, solo la fuente viva que es Cristo. La adoración abre el corazón para recibir esa agua espiritual que refresca el alma cansada. El adorador aprende que el vacío no se llena con compañía humana, sino con comunión divina. Cada cántico en medio de la soledad se convierte en clamor por más de Su presencia. Ese clamor es siempre contestado por el Espíritu.

El anhelo de la presencia también transforma la perspectiva del adorador. Lo que antes parecía pérdida, ahora se convierte en oportunidad de intimidad. El silencio deja de ser incómodo y pasa a ser un espacio sagrado. Allí se revelan verdades profundas que no se perciben en medio del ruido cotidiano. La adoración canaliza ese anhelo en dirección correcta, llevando al adorador directo al corazón de Dios. El Espíritu honra a quienes lo buscan con hambre.

El anhelo de Su presencia protege al adorador del engaño de la autosuficiencia. En soledad, el ser humano reconoce cuán débil es sin Dios. Esa vulnerabilidad abre espacio para dependencia sincera. La adoración se convierte en confesión de necesidad constante. El Espíritu responde llenando lo que estaba vacío y fortaleciendo lo que estaba débil. Así, el anhelo produce comunión real con lo eterno.

Cada adorador necesita cultivar ese anhelo aun cuando no se sienta solo. El deseo de Su presencia no debe limitarse a momentos de vacío, sino ser constante. La soledad simplemente intensifica lo que ya estaba sembrado en el corazón. Adorar es mantener vivo el deseo de Dios en todo tiempo. El anhelo en la soledad nos recuerda que la presencia de Dios es suficiente. Esa suficiencia sostiene al adorador en cada circunstancia.

La rendición que atrae al Espíritu

La soledad confronta al creyente con su necesidad de soltar el control. El adorador que se aferra a sus planes encuentra la soledad como tormento, pero el que se rinde experimenta libertad. Rendir el corazón en adoración atrae al Espíritu de manera poderosa. Él habita en corazones quebrantados y no en corazones endurecidos. La rendición abre la puerta a un abrazo divino que consuela y transforma. Sin rendición, la soledad se convierte en carga; con rendición, se convierte en refugio.

La rendición es más que palabras, es entrega práctica de la voluntad. En la soledad, el adorador reconoce que no puede sostenerse por sí mismo. Allí decide dejar en manos de Dios sus temores, deseos y frustraciones. Esa entrega es la llave que atrae la presencia del Espíritu. Lo que parecía vacío se llena de la plenitud de Dios. La adoración sincera es el lenguaje de la rendición total.

El Espíritu responde a la rendición con consuelo. Cuando el adorador suelta el control, recibe paz que sobrepasa todo entendimiento. Esa paz no depende de circunstancias, sino de la certeza de que Dios está en control. La soledad deja de ser un lugar de angustia y se convierte en espacio de descanso. El adorador aprende a confiar en lo invisible porque ha entregado lo visible. Esa confianza atrae la manifestación gloriosa del Espíritu.

La rendición también abre espacio a la dirección divina. Muchos no escuchan la voz de Dios porque insisten en imponer la suya. La soledad revela esa lucha interna y expone la necesidad de soltar. La adoración canaliza ese proceso, guiando al creyente a doblegar su voluntad. En esa postura, el Espíritu puede hablar con claridad. El abrazo divino se manifiesta cuando dejamos de resistir y comenzamos a obedecer.

El adorador que rinde su corazón en soledad experimenta la dulzura del Espíritu. No siente abandono, sino compañía fiel. La entrega total se convierte en puente para experimentar amor profundo. Cada lágrima derramada es recogida por Aquel que prometió no dejar huérfanos a Sus hijos. Esa rendición atrae al Espíritu como imán irresistible. Allí el adorador entiende que la soledad no es ausencia, sino encuentro.

Transformados en su gloria

La soledad puede ser el escenario más poderoso de transformación. Allí, lejos de distracciones, el adorador se expone por completo a la obra del Espíritu. La adoración convierte ese aislamiento en altar donde la gloria de Dios desciende. La transformación comienza en el interior y se refleja en cada aspecto de la vida. Lo que parecía desierto se convierte en terreno fértil. El Espíritu obra de manera profunda cuando el corazón está dispuesto.

La transformación en la soledad es radical porque no depende de la aprobación de otros. No hay público, solo Dios y el adorador. Esa intimidad permite que la obra sea más profunda y genuina. El carácter es moldeado, las heridas son sanadas y la fe es fortalecida. Cada momento de adoración en soledad se convierte en cincel que esculpe la imagen de Cristo en el creyente. Allí el Espíritu hace lo que nadie más puede hacer.

La gloria de Dios en la soledad también revela áreas ocultas. El adorador se enfrenta a su propia verdad y reconoce lo que necesita ser cambiado. La adoración no es escape, es exposición. Dios ilumina lo que estaba en sombras y lo transforma con Su poder. Aunque el proceso pueda doler, el resultado siempre es glorioso. La soledad se convierte en taller donde Dios perfecciona a Sus hijos.

La transformación en soledad también produce intimidad más profunda. El adorador comienza a conocer a Dios en dimensiones nuevas. Lo que antes era teoría, ahora se convierte en experiencia. La adoración abre puertas a revelaciones que solo se reciben en lo secreto. Esa cercanía transforma no solo la vida espiritual, sino toda la manera de vivir. El Espíritu revela a Cristo de manera personal y cercana.

Cada adorador que ha sido transformado en soledad lleva una marca visible. No necesita decir mucho, su vida misma refleja la gloria de Dios. Esa transformación no ocurre en escenarios públicos, sino en encuentros íntimos. La soledad se convierte en plataforma de formación espiritual. Allí se construye el carácter que luego se manifiesta en comunidad. La gloria de Dios en lo secreto produce frutos que permanecen en lo público.

El Espíritu como consolador

En la soledad, el Espíritu Santo se revela como consolador fiel. Cuando todos se alejan y las voces humanas callan, Él permanece cercano. Su voz suave recuerda que no estamos huérfanos, sino acompañados. El adorador que escucha esa voz encuentra paz en medio del vacío. La adoración abre el oído para captar ese consuelo divino. No hay soledad que el Espíritu no pueda llenar.

El consuelo del Espíritu no siempre elimina el dolor, pero lo transforma. Él enseña al adorador a ver la soledad no como abandono, sino como oportunidad de dependencia. La adoración suaviza el corazón herido y permite recibir ese bálsamo celestial. La tristeza se convierte en canto, y el lamento en oración. La presencia del Espíritu convierte la soledad en lugar de descanso. Allí el creyente descubre que nunca está realmente solo.

El Espíritu consuela recordando promesas. En momentos de soledad, trae a la memoria la Palabra de Dios. Cada promesa se convierte en alimento que fortalece el alma. La adoración mantiene viva esa conexión con la Escritura inspirada. El adorador aprende a sostenerse no en sentimientos, sino en verdades eternas. Ese consuelo es más firme que cualquier compañía humana.

El consuelo del Espíritu también se experimenta en el gozo sobrenatural. No es risa superficial, sino alegría profunda que brota aun en medio del aislamiento. La adoración despierta ese gozo porque conecta al corazón con la realidad del cielo. Aunque el entorno no cambie, el interior se llena de esperanza. El adorador descubre que puede cantar aun cuando está solo. Ese canto es evidencia de consuelo divino.

El Espíritu como consolador también fortalece la fe. La soledad puede tentar al creyente a dudar del amor de Dios. Pero la adoración activa la certeza de que Él cumple Su palabra. El abrazo invisible del Espíritu sostiene en medio de las preguntas. El adorador aprende que no necesita multitud para sentirse amado. El consuelo divino es suficiente y eterno.

El Espíritu como guía

La soledad no es solo lugar de consuelo, sino también de dirección. El Espíritu Santo habla con mayor claridad cuando el ruido externo desaparece. El adorador que busca en oración y alabanza encuentra guía precisa. Cada paso se ilumina con la luz de Su consejo. La soledad se convierte en escuela donde el Espíritu enseña a discernir. Allí se reciben instrucciones que marcan el destino.

El Espíritu guía en soledad porque sabe que el corazón está más receptivo. El adorador no se distrae con opiniones humanas ni con presiones externas. La adoración abre espacio para escuchar la voz de Dios sin filtros. Esa dirección es indispensable para correr la carrera con propósito. Sin guía, el creyente se desgasta en caminos equivocados. Con guía, camina seguro hacia la meta eterna.

La guía del Espíritu en soledad también protege de decisiones apresuradas. Muchos caen en errores porque actúan sin consultar. El adorador que aprende a esperar en silencio recibe confirmación divina. Esa paciencia lo libra de tropiezos innecesarios. La adoración fortalece la capacidad de esperar hasta oír con claridad. La guía del Espíritu nunca falla, aunque tarde en manifestarse.

El Espíritu Santo no solo da dirección, sino también estrategia. En soledad revela planes que no podrían entenderse en medio del ruido. El adorador recibe visión fresca y caminos nuevos. La adoración abre la mente a posibilidades divinas. Esa guía transforma lo imposible en posible. Cada instrucción del Espíritu es garantía de victoria futura.

El adorador que escucha al Espíritu en soledad camina con seguridad. No depende de sus fuerzas ni de su sabiduría. Cada decisión se fundamenta en la voz divina. La adoración mantiene afinado ese oído espiritual. Así, el creyente avanza sin temor, sabiendo que está en el camino correcto. La guía del Espíritu en soledad asegura pasos firmes en lo eterno.

Permanecer en su abrazo

El verdadero desafío no es experimentar el abrazo del Espíritu una vez, sino permanecer en Él. La adoración enseña a mantener viva la intimidad alcanzada en la soledad. No se trata de encuentros esporádicos, sino de una relación continua. Permanecer en Su abrazo significa vivir conscientes de Su presencia cada día. El adorador aprende a guardar lo recibido y a cultivarlo. La intimidad se convierte en estilo de vida.

Permanecer en el abrazo del Espíritu implica disciplina. La adoración constante alimenta esa comunión y evita que se enfríe. El creyente que abandona el altar pierde la frescura de la intimidad. Pero el que persevera descubre que el abrazo divino nunca se interrumpe. La constancia abre camino a experiencias cada vez más profundas. La permanencia se convierte en clave de madurez espiritual.

El abrazo del Espíritu es refugio en medio de pruebas constantes. Permanecer en Él asegura paz aun cuando la tormenta arrecia. La adoración mantiene esa cobertura activa. El adorador se siente sostenido y protegido en todo momento. Ese abrazo no depende de emociones, sino de convicción. El Espíritu nunca abandona a quienes permanecen en Él.

Permanecer en Su abrazo también significa obedecer. El adorador que recibe dirección en soledad debe caminar en fidelidad. La intimidad se fortalece cuando hay coherencia entre adoración y obediencia. El Espíritu no se complace en palabras bonitas, sino en vidas rendidas. Permanecer es vivir en alineación constante con Su voz. Esa fidelidad mantiene intacto el abrazo divino.

El que permanece en el abrazo del Espíritu no teme la soledad. Aprende a ver en ella una oportunidad de intimidad continua. Su vida se convierte en testimonio de paz y fortaleza. La adoración asegura que esa relación no se enfríe ni se pierda. Permanecer en Su abrazo es la meta de todo adorador. Allí se encuentra la plenitud que sostiene en todo tiempo.

Oración final

Espíritu Santo, en mis soledades recuérdame que nunca estoy huérfano. Abrázame con tu presencia y transforma mi silencio en encuentro contigo. Haz de mi soledad un altar donde tu gloria me cambie y me sostenga cada día.

Desafío práctico

Dedica un momento de soledad sin distracciones y adora en silencio. No pidas nada, solo reconoce la presencia del Espíritu. Permanece allí hasta sentir que Su abrazo llena tu corazón y anótalo como memoria espiritual para tu vida.

Capítulo 4
Amado y Aceptado en Tiempos de Rechazo

Jeremías 31:3
Con amor eterno te he amado; por tanto, te prolongué mi misericordia.

Introducción

Cuando el rechazo hiere, la adoración recuerda nuestra identidad como amados de Dios. El rechazo deja marcas en el corazón humano, haciéndonos sentir insuficientes, descartados y olvidados. Pero el adorador descubre que en medio de esas heridas, la voz de Dios declara un amor eterno e inquebrantable. La adoración se convierte en un refugio donde las palabras de desprecio pierden poder frente a la verdad del cielo. Allí aprendemos que nuestro valor no depende de la aceptación de los hombres, sino del abrazo fiel del Padre. Adorar en tiempos de rechazo nos ancla en la seguridad de que somos amados, deseados y aceptados por Aquel que nunca falla.

Jesús sacia el alma

El rechazo produce vacío, pero Cristo lo llena con Su amor. Cuando las personas fallan en dar aprobación, la adoración centra el corazón en Aquel que nunca decepciona. El adorador aprende que no necesita la validación de multitudes, porque en Cristo su alma está saciada. Él es el pan de vida que satisface la necesidad más profunda. El amor humano puede ser cambiante, pero el amor de Jesús es constante y eterno. En la adoración, esa verdad se vuelve palpable y transformadora.

La adoración redirige la mirada de las heridas hacia la cruz. Allí el creyente descubre que Cristo llevó sobre sí el rechazo más grande para darnos aceptación eterna. Cada cántico recuerda que fuimos escogidos y comprados a precio de sangre. La voz del enemigo pierde poder cuando la voz del adorador proclama el amor de Cristo. El alma cansada encuentra reposo en esa verdad. Jesús sacia lo que nadie más puede llenar.

El adorador que experimenta el amor de Cristo aprende a vivir libre de la aprobación humana. Ya no busca llenar vacíos con aplausos, porque sabe que su valor está en el Señor. Esa libertad nace en la adoración sincera, donde el corazón se enfoca en el amor divino. Lo que parecía carencia se convierte en plenitud. La adoración recuerda que Cristo es suficiente para todo. El rechazo pierde poder frente a esa realidad.

El amor de Cristo no solo sacia, también sana. Cada herida de desprecio se convierte en oportunidad para experimentar la ternura del Salvador. En la adoración, el Espíritu aplica ese amor como bálsamo en el alma. Lo que antes causaba dolor ahora provoca gratitud, porque revela la fidelidad de Dios. El adorador entiende que ninguna herida es más profunda que el amor eterno de Cristo. Esa sanidad fortalece su fe.

Jesús no sacia de forma temporal, sino permanente. La adoración abre la puerta a esa plenitud continua. El que adora descubre que aun cuando otros rechacen, su identidad permanece firme en el amor de Dios. El alma ya no vive en escasez emocional, sino en abundancia espiritual. Cristo se convierte en la fuente que nunca deja de fluir. Allí el adorador encuentra verdadera aceptación.

La búsqueda intencional de intimidad

El adorador no se conforma con religión, busca relación. En tiempos de rechazo, la religión no sana, pero la intimidad con Dios sí. La adoración es el camino para profundizar esa cercanía que rompe toda soledad. El adorador decide intencionalmente buscar al Padre en lo secreto. Esa búsqueda no depende de emociones, sino de convicción. Allí se experimenta la aceptación más pura.

La búsqueda intencional revela hambre espiritual. El adorador que ha sido herido por el rechazo entiende que solo en la presencia de Dios puede encontrar saciedad. No basta con asistir a reuniones, es necesario encontrarse cara a cara con el Señor. La adoración genuina abre esa puerta y convierte lo íntimo en un lugar de refugio. Allí se recibe afirmación que ningún hombre puede dar. Esa intimidad sostiene el corazón.

La adoración intencional también protege de la superficialidad. Cuando el rechazo hiere, es fácil caer en la trampa de aparentar fortaleza. Pero la intimidad con Dios nos permite ser auténticos y vulnerables. En ese espacio no necesitamos máscaras, porque somos amados tal como somos. La adoración nos recuerda que no debemos impresionar a Dios, sino rendirnos a Él. Esa autenticidad nos libera del peso de la apariencia.

Buscar intimidad con Dios en medio del rechazo fortalece la identidad. El adorador aprende a escuchar la voz que afirma: "Eres mío, te he escogido." Esa declaración resuena con fuerza cuando todo lo demás parece contradecirlo. La adoración mantiene viva esa voz en el corazón. El rechazo ya no define, porque la intimidad con Dios revela una aceptación superior. Esa verdad renueva la confianza del creyente.

La búsqueda intencional de intimidad es decisión diaria. El adorador no espera a sentirse aceptado por otros para acercarse a Dios. Sabe que en su presencia siempre será recibido. Cada día elige adorar y cultivar esa relación. Esa constancia transforma el dolor en fortaleza. En lo secreto, el Padre recompensa con amor eterno y aceptación plena.

Renovar el primer amor

En la adoración, el fuego del amor inicial se aviva. El rechazo apaga pasiones y desgasta el corazón, pero la adoración lo renueva. Recordar los primeros encuentros con Dios enciende nuevamente la llama. El adorador vuelve a ese lugar donde todo era puro y sencillo. Allí la devoción se refresca y el alma recobra fuerzas. Renovar el primer amor es volver al origen de la fe.

El primer amor no se basa en emociones, sino en entrega genuina. En la adoración, el creyente recuerda por qué comenzó a seguir a Cristo. Esa memoria despierta gratitud y restaura la pasión. El rechazo pierde poder cuando el corazón está encendido en amor. Lo que parecía dolor se transforma en oportunidad para volver a lo esencial. El adorador se fortalece en esa renovación.

Renovar el primer amor también implica arrepentimiento. Muchas veces, el rechazo conduce al enfriamiento espiritual. Pero la adoración despierta el alma y confronta el descuido. El adorador reconoce su necesidad y pide ser restaurado. Esa honestidad abre la puerta a un nuevo comienzo. El Espíritu Santo aviva lo que parecía apagado y devuelve la pasión. Así, el fuego vuelve a arder con más fuerza.

El adorador que renueva su primer amor se vuelve resiliente ante el rechazo. Ya no depende de lo que otros digan, porque su fuerza proviene del amor de Cristo. Esa pasión lo impulsa a seguir adorando aun en medio de la oposición. El primer amor lo sostiene cuando todo lo demás falla. En la adoración, el corazón se vuelve a encender. Esa llama no se apaga con facilidad.

Dios no desea adoradores fríos, sino apasionados. Renovar el primer amor es responder a ese deseo con entrega fresca. La adoración se convierte en un fuego constante que mantiene vivo el corazón. El rechazo se disuelve frente a esa pasión renovada. El adorador aprende a vivir cada día como si fuera el primero. Esa devoción constante es evidencia de amor verdadero.

Pasión por su presencia

El amor se profundiza en tiempos de adoración. La pasión por la presencia de Dios es el motor que transforma la vida del creyente. El adorador no se conforma con una experiencia superficial, sino que anhela estar cada vez más cerca. Esa pasión lo lleva a dedicar tiempo, esfuerzo y entrega en busca del Señor.

El rechazo ya no lo domina, porque ha encontrado un amor mayor. La adoración alimenta esa pasión con constancia.

La pasión por la presencia también despierta valentía. El adorador que experimenta a Dios no teme la desaprobación humana. Su mayor deleite es agradar al Señor. Esa determinación lo hace perseverar aun cuando es rechazado. La adoración lo fortalece porque lo conecta con lo eterno. La pasión se convierte en antídoto contra el temor al hombre. Allí se encuentra verdadera libertad.

Esa pasión también transforma las prioridades. El adorador aprende que nada es más importante que la presencia de Dios. Lo que antes ocupaba su mente pierde valor. El rechazo ya no ocupa el primer lugar, porque la gloria de Dios lo eclipsa todo. La adoración mantiene ese enfoque y preserva el corazón. Así, la pasión crece y se convierte en estilo de vida.

La pasión por la presencia se demuestra en constancia. No es un sentimiento pasajero, sino una decisión diaria de buscar a Dios. El adorador persevera aun cuando no siente emociones intensas. Sabe que la presencia es real aunque no siempre sea perceptible. Esa fidelidad alimenta la pasión y la hace duradera. La adoración asegura que el amor nunca se enfríe.

El creyente que vive con pasión por la presencia refleja gozo en todo. Su rostro y sus acciones muestran que ha estado con Dios. Esa evidencia es testimonio para otros que viven rechazados. La adoración se convierte en faro de esperanza en medio del dolor. La pasión se contagia y fortalece a toda la comunidad. Así, el rechazo se transforma en plataforma para la gloria de Dios.

Fidelidad del corazón

El verdadero adorador guarda su vida solo para Dios. La fidelidad no se mide en palabras, sino en acciones y perseverancia. El rechazo puede tentar a buscar aceptación en lugares equivocados, pero el adorador permanece fiel. Su corazón no se reparte entre Dios y los hombres. La adoración fortalece esa fidelidad porque recuerda constantemente el pacto eterno. La lealtad al Señor es la prueba de amor genuino.

La fidelidad del corazón también implica pureza. No se trata solo de evitar el pecado visible, sino de mantener intenciones limpias. El adorador busca agradar a Dios aun en lo oculto. El rechazo no lo empuja a doblegarse, porque su compromiso es con el Señor. La adoración mantiene viva esa pureza como evidencia de devoción. Allí el corazón se fortalece en integridad.

Ser fiel en medio del rechazo es un acto de valentía. El adorador que persevera demuestra que su identidad no depende de la aprobación externa. Aunque lo ignoren o lo rechacen, sigue cantando al Señor. Esa fidelidad es más valiosa que cualquier aceptación humana. La adoración convierte la perseverancia en melodía que agrada al cielo. Dios honra esa lealtad con Su presencia constante.
\
La fidelidad también implica resistir la tentación de abandonar. El rechazo puede hacer pensar que no vale la pena seguir. Pero el adorador fiel recuerda que Dios nunca lo ha rechazado. Esa certeza lo sostiene en medio del dolor. La adoración renueva su compromiso una y otra vez. Su corazón permanece anclado en el amor eterno. Esa fidelidad es fruto de adoración sincera.

El corazón fiel encuentra recompensa en la intimidad con Dios. No necesita reconocimiento humano, porque su deleite está en el Señor. Esa fidelidad inspira a otros a permanecer firmes. La adoración se convierte en testimonio de constancia y lealtad. El rechazo pierde poder frente a un corazón comprometido con Cristo. Esa fidelidad es evidencia de verdadero amor.

Aceptar su aceptación

La adoración sana el rechazo con el abrazo eterno de Dios. Aceptar la aceptación divina es el paso final hacia la sanidad interior. El adorador reconoce que no necesita la validación de otros porque ya ha sido afirmado por el Padre. Esa convicción nace en la adoración, donde la voz de Dios se escucha con claridad. Lo que antes era dolor se convierte en descanso. La aceptación divina es suficiente para todo corazón herido.

Aceptar la aceptación también significa soltar la necesidad de agradar a todos. El adorador aprende que no puede vivir buscando aprobación constante. En la adoración descubre que solo una opinión importa: la de Dios. Esa verdad lo libera de cargas innecesarias. El rechazo ya no controla sus emociones ni su identidad. La adoración reafirma esa libertad cada día.

La aceptación divina también transforma la manera en que el adorador ve a los demás. Ya no busca en ellos lo que solo Dios puede dar. Al sentirse amado, puede amar sin condiciones. El rechazo no produce amargura, sino compasión. La adoración cambia la perspectiva y sana relaciones. El abrazo eterno del Padre se convierte en fuente de gracia hacia otros.

Aceptar la aceptación de Dios también fortalece la confianza personal. El adorador ya no vive inseguro, sino seguro en el amor del Padre. Cada cántico se convierte en declaración de identidad. Lo que antes era debilidad ahora es fortaleza. La adoración afirma constantemente que somos escogidos y amados. Esa seguridad transforma cada aspecto de la vida.

El creyente que acepta la aceptación divina vive en descanso. Ya no lucha por un lugar en la mesa de los hombres, porque sabe que tiene un lugar en la mesa del Rey. La adoración mantiene viva esa certeza en el corazón. El rechazo deja de ser una herida abierta y se convierte en cicatriz sanada. El abrazo eterno de Dios lo cubre todo. Allí se encuentra la verdadera aceptación.

Oración final

Padre eterno, gracias por recordarme que soy amado y aceptado en Ti. Sana mis heridas de rechazo y llena mi corazón con tu amor perfecto. Haz que mi adoración sea siempre un reflejo de la seguridad que tengo en tu abrazo eterno.

Desafío práctico

Hoy toma un tiempo de adoración personal y escribe en una hoja las palabras con las que Dios te afirma en Su amor. Cada vez que sientas rechazo, léelas en oración y cántalas como recordatorio de que eres aceptado por Él.

Capítulo 5: Conocerle Más en Medio de la Religión Vacía

Filipenses 3:8
...y estimo todas las cosas como pérdida por la excelencia del conocimiento de Cristo Jesús, mi Señor.

Introducción

La adoración nos lleva más allá de rituales, hacia una relación transformadora con Cristo. Muchos se conforman con prácticas externas que no producen vida, creyendo que la religión por sí sola garantiza cercanía con Dios. Sin embargo, la adoración genuina revela que la verdadera fe no consiste en ritos vacíos, sino en encuentro con el Salvador vivo. El adorador no se sacia con repeticiones, busca la realidad de Su presencia. Allí se experimenta el conocimiento íntimo que transforma pensamientos, emociones y conductas. La religión vacía es apariencia; la adoración auténtica es vida.

La revelación de su nombre

Cada adoración revela quién es Él en mayor profundidad. El nombre de Jesús no es una fórmula repetida, sino una revelación que se hace más clara cada vez que lo exaltamos. El adorador que canta con sinceridad experimenta dimensiones nuevas del carácter de Cristo. En un cántico puede descubrirlo como sanador, en otro como libertador, y en otro como Señor de la gloria. Cada momento de adoración se convierte en revelación progresiva de Su grandeza. El nombre de Cristo nunca se agota, siempre hay más por conocer.

La revelación de Su nombre va más allá de información teológica. No se trata de saber sobre Él, sino de conocerlo personalmente. En la adoración, ese conocimiento se convierte en experiencia. El corazón se rinde y recibe impacto directo de Su presencia. Esa revelación transforma el entendimiento y fortalece la fe. Lo que antes era teoría se convierte en certeza vivida. El adorador aprende a confiar en lo que Dios revela de Sí mismo.

Cada revelación del nombre de Jesús produce libertad. Lo que estaba atado se rompe porque Su nombre tiene poder. La adoración lo declara con convicción, y el cielo responde. El creyente descubre que no hay área de la vida que Su nombre no pueda tocar. Esa experiencia genera confianza inquebrantable. El adorador deja de temer al futuro porque ha conocido al que reina sobre todo. Su nombre es refugio seguro.

La revelación de Su nombre también produce humildad. Mientras más conoce el adorador a Cristo, más reconoce su propia necesidad. La adoración lo lleva a postrarse en gratitud y reverencia. La religión vacía genera orgullo, pero la revelación produce quebrantamiento. Cada cántico sincero abre más los ojos del corazón. Allí el creyente reconoce que sin Cristo nada es. Esa humildad lo mantiene en la verdad.

El adorador que vive en constante revelación nunca se aburre. Siempre encuentra algo nuevo en la presencia de Jesús. Cada adoración es oportunidad de descubrir un aspecto distinto de Su gloria. Esa dinámica mantiene el corazón fresco y apasionado. La religión vacía muere en rutina, pero la revelación mantiene viva la relación. Allí se encuentra el verdadero deleite del alma.

De religión a relación

El adorador rompe con estructuras vacías. La religión por sí misma no puede salvar ni transformar. Son las relaciones vivas con Cristo las que producen cambio real. La adoración es la puerta que nos saca de la rutina religiosa para llevarnos al encuentro íntimo con el Señor. El que adora deja de buscar cumplir normas y comienza a experimentar vida abundante. La adoración rompe cadenas de legalismo. Allí comienza la verdadera libertad.

La religión vacía es repetición sin sentido. Muchos asisten a cultos, cantan canciones y repiten frases sin entender lo que hacen. El adorador, en cambio, busca profundidad y autenticidad. Su corazón no se conforma con cumplir horarios o rituales. Quiere experimentar la gloria de Dios en cada encuentro. La adoración genuina transforma lo superficial en comunión viva. Esa diferencia separa religión de relación.

La relación con Dios a través de la adoración produce intimidad real. El adorador se convierte en amigo de Dios, alguien que conversa con Él y se deleita en Su presencia. Esa relación no se limita al templo, sino que invade cada espacio de la vida diaria. La religión crea barreras, pero la relación derriba muros. La adoración abre puertas a una conexión constante con el Señor. Allí se fortalece la fe.

Pasar de religión a relación también implica confrontación. El adorador reconoce que muchas veces ha practicado formas externas sin fondo espiritual. La adoración lo expone a esa realidad y lo invita a cambiar. La relación exige autenticidad, no apariencia. Dios no busca rituales vacíos, sino corazones rendidos. La adoración sincera guía al creyente a esa honestidad. Allí se encuentra verdadera transformación.

El adorador que vive en relación con Cristo se vuelve testimonio vivo. Su fe deja de ser discurso para convertirse en estilo de vida. La religión no produce fruto, pero la relación sí. En la adoración, el carácter es moldeado y la vida comienza a reflejar a Jesús. Esa diferencia es visible para todos. El que antes era religioso ahora es verdadero adorador.

El clamor del corazón

La adoración nace de un deseo genuino por más de Dios. El corazón del adorador no se conforma con lo mínimo, anhela plenitud. Ese clamor se eleva como incienso y mueve el corazón de Dios. El adorador entiende que todo lo demás es pérdida comparado con conocer a Cristo. Su cántico refleja hambre y sed de justicia. Esa búsqueda sincera abre cielos y desata bendición.

El clamor del corazón no se fabrica, surge de la necesidad. Cuando el adorador reconoce su dependencia, su adoración se convierte en súplica sincera. No canta por costumbre, canta porque necesita la presencia de Dios. Ese clamor nunca pasa desapercibido en el cielo. Dios responde al hambre genuina con saciedad espiritual. La adoración se convierte en diálogo vivo entre necesidad y provisión.

El clamor del adorador también revela humildad. Reconoce que por sí mismo no puede sostenerse. Cada lágrima y cada palabra son confesión de debilidad. En ese clamor, la adoración se vuelve poderosa. La debilidad humana se encuentra con la fortaleza divina. El Espíritu Santo responde llenando lo que estaba vacío. Así, el clamor se transforma en encuentro transformador.

Ese clamor del corazón despierta pasión. La adoración no se vuelve rutina porque el deseo siempre está vivo. Cada encuentro con Dios alimenta la necesidad de más. El adorador nunca se sacia por completo porque sabe que siempre hay mayor gloria. Esa insatisfacción santa lo impulsa a buscar más y más. La religión muere en conformismo, pero el clamor mantiene la fe vibrante.

El clamor genuino también impacta a otros. Una iglesia que adora con hambre contagia a los que están secos. El clamor colectivo abre puertas a avivamientos. La adoración se convierte en fuego que enciende corazones apagados. Ese anhelo compartido transforma atmósferas enteras. El clamor del adorador nunca queda estéril, siempre produce fruto.

El Espíritu revela a Jesús

Es el Espíritu quien hace vivo el nombre de Cristo. La religión puede repetirlo, pero solo el Espíritu lo revela en poder. La adoración abre espacio para que esa revelación ocurra. Allí el adorador conoce a Jesús no como teoría, sino como realidad presente. El Espíritu convierte información en transformación. Esa experiencia cambia al creyente desde lo profundo.

El Espíritu Santo es el maestro que nos enseña quién es Cristo. En la adoración, abre los ojos del corazón para ver Su gloria. El creyente descubre dimensiones que antes eran desconocidas. Cada encuentro se convierte en lección de amor y gracia. Esa revelación no se agota porque Cristo es infinito. El adorador aprende continuamente bajo la dirección del Espíritu.

El Espíritu también da convicción. El adorador que escucha Su voz reconoce a Jesús como Señor absoluto. La religión puede hablar de obediencia, pero solo el Espíritu la produce. La adoración sensibiliza el corazón a esa convicción. Lo que antes era imposición ahora es deleite. El Espíritu transforma mandatos en oportunidades de amor. Esa obra es fruto de adoración verdadera.

El Espíritu revela a Jesús como suficiente. En la adoración, todo lo demás pierde valor. El creyente reconoce que nada se compara con la excelencia de Cristo. El Espíritu recuerda que en Él está toda plenitud. Esa revelación trae descanso y confianza. El adorador se enfoca en lo eterno y deja lo vano. Esa claridad nace solo en la presencia del Espíritu.

El que adora en Espíritu y en verdad nunca se queda en religión. Siempre avanza hacia mayor revelación de Cristo. Cada encuentro se convierte en escalón hacia intimidad más profunda. El Espíritu guía al creyente a conocer al Señor en nuevas dimensiones. Esa búsqueda nunca se agota porque siempre hay más. La adoración revela lo que la religión jamás podrá ofrecer.

Transformados por conocerle

El conocimiento íntimo produce obediencia y santidad. La adoración lleva al adorador más allá de información, hacia transformación. Conocer a Cristo no es acumular datos, es ser cambiado por Su presencia. Cada cántico sincero moldea el carácter. Cada rendición en adoración fortalece la fe. Allí nace un estilo de vida que refleja santidad real.

El adorador que conoce a Cristo no puede seguir igual. La religión permite doble vida, pero la relación no. El Espíritu confronta y purifica cada área. La adoración abre espacio a esa obra santificadora. El creyente aprende que obedecer no es carga, sino privilegio. Conocer a Cristo lo transforma en cada aspecto de su ser. Esa es la evidencia de adoración genuina.

La transformación también se refleja en el testimonio. El adorador que conoce a Cristo muestra Su carácter en la vida diaria. Sus palabras, acciones y actitudes se alinean con lo aprendido en la presencia de Dios. Esa coherencia impacta a otros más que cualquier sermón. La religión produce apariencia, pero la adoración produce fruto. Ese fruto es evidencia de transformación real.

El conocimiento íntimo también fortalece la resistencia contra el pecado. El adorador que ha visto la gloria de Cristo no desea volver atrás. Su corazón está cautivado por lo eterno. La adoración alimenta esa pasión por la santidad. Allí el Espíritu fortalece la voluntad para elegir lo correcto. Conocer a Cristo se convierte en antídoto contra la tentación. Esa victoria se vive en adoración constante.

La transformación por conocer a Cristo también trae gozo. El adorador descubre que la santidad no es carga, sino libertad. Cada cambio se celebra como obra divina. La adoración se convierte en fiesta de gratitud por la obra del Espíritu. La vida se llena de propósito y sentido. El creyente disfruta de caminar con Cristo porque lo conoce íntimamente.

Vivir en la revelación continua

La adoración mantiene al corazón en constante descubrimiento. El creyente que adora no se conforma con lo ya recibido. Sabe que en Cristo siempre hay más por explorar. Cada encuentro revela algo nuevo de Su carácter. Esa dinámica mantiene viva la pasión espiritual. La adoración abre puertas a un aprendizaje eterno.

Vivir en revelación continua significa no estancarse. La religión vacía se acomoda en lo repetitivo, pero la adoración impulsa a avanzar. Cada día es una oportunidad para conocer más al Señor. El adorador vive con expectativa constante. Su corazón se abre a sorpresas divinas en cada momento de adoración. Esa expectativa lo mantiene firme en medio de pruebas.

La revelación continua también protege del orgullo espiritual. El que cree que ya lo sabe todo cae en rutina. Pero el adorador reconoce que siempre necesita aprender más. Esa humildad abre espacio a mayor gracia. El Espíritu revela nuevas verdades a los que se mantienen sensibles. La adoración preserva esa sensibilidad. Allí se encuentra crecimiento constante.

Vivir en revelación continua también significa disfrutar el proceso. El adorador entiende que no todo se revela de una vez. Cada encuentro es un paso más hacia mayor intimidad. La adoración convierte el camino en deleite. Lo que antes era carga ahora es gozo. La relación con Cristo se profundiza con cada momento en Su presencia.

El creyente que vive en revelación continua nunca se seca. Su fe se mantiene fresca y vibrante. La adoración es la fuente que renueva constantemente su interior. Así, su vida se convierte en testimonio de pasión inagotable. La religión vacía muere en repetición, pero la adoración florece en revelación. Ese es el estilo de vida de un adorador verdadero.

Oración final

Señor, llévame más allá de la religión vacía y abre mis ojos a la revelación de tu Hijo. Haz que mi adoración sea el puente hacia una relación viva y transformadora contigo. Que cada día te conozca más y mi vida refleje tu gloria.

Desafío práctico

Dedica un tiempo de adoración sin seguir un orden preestablecido. Deja que el Espíritu Santo te guíe y revela a Cristo en formas nuevas. Anota lo que Él te muestre y comprométete a vivir en esa revelación continua.

Capítulo 6
Regreso al Primer Amor Después de Haber Caído

Apocalipsis 2:5
Recuerda, por tanto, de dónde has caído, y arrepiéntete...

Introducción

La adoración no es un refugio para esconder la caída, sino el camino que conduce a la restauración. El pecado apaga el fuego del primer amor, pero la adoración reaviva la llama que parecía extinguida. Dios no rechaza al que tropieza, sino que lo llama a recordar y volver a su presencia con sinceridad. La adoración sincera despierta la memoria espiritual que nos recuerda la gracia del inicio. Allí el corazón cansado reconoce que sin Cristo nada puede sostenerlo. Volver al primer amor es un acto de humildad que inicia en adoración.

Recordar de dónde caímos

El primer paso hacia la restauración es recordar dónde comenzó la caída. La adoración abre los ojos para reconocer la distancia entre lo que éramos y lo que hemos permitido. La memoria espiritual nos recuerda los momentos en que ardíamos de pasión por Dios. Esos recuerdos confrontan el presente y nos llaman a despertar. La adoración no permite que la rutina o la frialdad nos engañen. El Espíritu usa la alabanza para mostrar el estado real del corazón.

Recordar no es condenación, es confrontación que impulsa a la corrección. Cada cántico sincero nos invita a evaluar si seguimos corriendo con la misma intensidad. La adoración nos lleva a reconocer dónde tropezamos y en qué dejamos entrar la indiferencia. Esa memoria es medicina para el alma que busca restauración. El Espíritu no permite que olvidemos el primer fuego. Recordar es volver a valorar lo que nunca debimos abandonar.

El enemigo quiere que olvidemos nuestro inicio para convencernos de que nunca tuvimos nada verdadero. Pero la adoración desmiente esa mentira trayendo a la memoria la fidelidad de Dios en el pasado. El recuerdo del primer amor nos impulsa a no conformarnos con la frialdad. La adoración se convierte en espejo que muestra dónde nos desviamos. Allí se revela que no fue Dios quien se alejó, sino nosotros quienes soltamos su mano. Recordar es reconocer que aún hay camino de regreso.

Cuando adoramos en sinceridad, el Espíritu trae convicción. Esa convicción nos lleva a un dolor santo por haber abandonado lo que era valioso. No es culpa destructiva, es dolor que llama a despertar. Recordar nos salva de continuar en la indiferencia que mata lentamente. La adoración nos confronta con la verdad de nuestra caída. Allí entendemos que el único camino es regresar.

El recuerdo del primer amor es también un recordatorio de esperanza. Si alguna vez caminamos cerca de Dios, podemos hacerlo de nuevo. La adoración no nos deja hundidos en la vergüenza, sino que abre la puerta al perdón. Recordar nos devuelve la visión de lo que significa vivir en comunión con Cristo. No es tarde para regresar al lugar donde todo comenzó. El primer amor sigue esperando.

Arrepentimiento sincero

La adoración no es completa sin arrepentimiento. Levantar manos y cantar sin cambio de corazón es hipocresía. El arrepentimiento sincero nace cuando el adorador reconoce su necesidad de gracia. Allí el cántico se convierte en clamor de perdón. La adoración sin arrepentimiento es sonido vacío. Pero la adoración con rendición abre el cielo.

El arrepentimiento no es solo decir palabras, es un giro en dirección. Cuando adoramos con sinceridad, entregamos lo que nos alejó de Dios. La adoración se convierte en altar donde dejamos los ídolos que ocuparon su lugar. Cada lágrima en adoración es señal de un corazón que se rinde. Allí comienza la restauración que tanto necesitamos. El arrepentimiento genuino siempre está marcado por adoración quebrantada.

El Espíritu Santo usa la adoración para ablandar lo que estaba endurecido. Canciones que antes parecían rutinarias ahora nos confrontan con verdad. La presencia de Dios nos revela áreas ocultas que necesitan ser entregadas. Allí comprendemos que no podemos seguir igual. El arrepentimiento es el eco de la adoración genuina. Solo cuando nos quebrantamos, Dios restaura.

El arrepentimiento sincero no teme confesar delante de Dios. El adorador entiende que ocultar pecado solo prolonga la frialdad. En adoración se abre el alma para ser limpiada. Esa honestidad es lo que conmueve al Padre. Dios no rechaza a quien se arrepiente con corazón genuino. La adoración nos da valor para admitir lo que estaba roto.

El arrepentimiento también produce gozo. Aunque inicia con quebranto, termina con paz. La carga del pecado se reemplaza con la frescura del perdón. El adorador que se arrepiente encuentra libertad en la presencia de Dios. Esa libertad lo impulsa a seguir adorando con más entrega. Arrepentirse es el acto más liberador que la adoración puede producir.

Restaurar la pasión

La adoración no solo limpia, también reaviva la llama. La pasión por Cristo no se mantiene sola, debe ser cultivada. Cuando adoramos de corazón, el fuego del primer amor regresa. Dios enciende de nuevo lo que parecía apagado. La adoración es combustible para la pasión. Allí el creyente vuelve a arder en amor por su Señor.

Restaurar la pasión significa volver a priorizar lo eterno. En la rutina de la vida, la llama se debilita fácilmente. Pero la adoración despierta el deseo de buscar más de Dios. Cada encuentro renueva la intensidad que el pecado había opacado. El adorador comienza a vivir con hambre por la presencia. La pasión renace donde hubo sequía.

La adoración apasionada cambia la manera de vivir. El creyente deja de servir por costumbre y empieza a hacerlo por amor. Lo que antes era obligación se convierte en deleite. La pasión restaura el gozo en lo pequeño y lo grande. El adorador encuentra motivación en la gloria de Dios. Esa pasión sostiene incluso en pruebas.

Restaurar la pasión también significa avivar el fuego en comunidad. Una iglesia apasionada contagia a otros a buscar más de Cristo. La adoración colectiva despierta el amor dormido en muchos corazones. El fuego de uno puede encender a muchos. La pasión restaurada nunca se queda en lo individual. Se expande como fuego que no se puede apagar.

La pasión renovada convierte la vida en testimonio. El mundo reconoce cuando alguien vive encendido por Dios. No son solo palabras, es una vida transformada por la presencia. El adorador apasionado refleja a Cristo en todo lo que hace. La adoración no solo restaura la pasión, la convierte en testimonio vivo. Esa es la evidencia del primer amor recuperado.

Volver a la sencillez del evangelio

La adoración genuina nos recuerda que el evangelio no necesita adornos. Volver a la sencillez es dejar lo superficial y regresar a lo esencial. El evangelio es Cristo crucificado y resucitado. Todo lo demás es añadidura. La adoración sincera nos centra en esa verdad poderosa. Allí está la base del primer amor.

La sencillez del evangelio nos guarda de distracciones religiosas. Muchas veces complicamos lo que Dios hizo simple. La adoración restaura el enfoque en lo eterno y quita lo accesorio. No es la forma, es la esencia. No es la música, es el corazón. Volver a la sencillez nos libra de caer en religiosidad vacía.

El evangelio sencillo se refleja en obediencia práctica. Amar a Dios y amar al prójimo es el centro de todo. La adoración que olvida esto se convierte en ritual sin fruto. Pero la adoración que abraza lo esencial produce vida. Allí el adorador encuentra gozo verdadero. La sencillez del evangelio sostiene el fuego del primer amor.

Volver a lo esencial nos confronta con lo que hemos añadido innecesariamente. A veces cargamos la fe con tradiciones humanas que sofocan la llama. La adoración rompe esas cadenas y nos devuelve al centro. El evangelio puro nos recuerda por qué comenzamos a seguir a Cristo. Allí se renueva el gozo de lo simple. Esa sencillez mantiene la pasión viva.

La adoración sencilla es poderosa porque es real. Dios no necesita adornos para habitar en medio de su pueblo. Él busca corazones que lo amen sin condiciones. Cuando la adoración se centra en lo básico, la gloria desciende. El adorador aprende a valorar lo eterno sobre lo pasajero. Volver a la sencillez es volver al primer amor.

Vivir en renovación constante

El regreso al primer amor no es un evento aislado, sino un proceso continuo. La adoración mantiene fresco lo que de otra forma se desgastaría. Cada día trae la oportunidad de renovar la entrega. El adorador entiende que su relación con Dios no puede estancarse. Renovarse es permanecer conectado al fuego. La adoración es el medio para lograrlo.

La renovación constante significa revisar el corazón a diario. No se puede vivir del fuego de ayer. La adoración diaria abre espacio para que el Espíritu renueve lo que se enfría. Cada encuentro en la presencia trae frescura. Así el adorador evita caer en rutina. La renovación es disciplina de amor.

La adoración que renueva también fortalece para resistir tentaciones. Un corazón fresco en Cristo es más firme contra la caída. El enemigo no puede apagar lo que se alimenta constantemente. La renovación protege el primer amor. Es la manera de mantener la llama encendida. Allí el creyente vive en victoria.

Renovarse significa también crecer. El amor de ayer fue real, pero hoy Dios quiere más. La adoración nos impulsa a profundizar en nuevas dimensiones. No se trata de repetir lo mismo, sino de ir más lejos en intimidad. El adorador que busca renovación nunca se conforma. Vive en expectativa de más gloria.

La renovación constante produce estabilidad espiritual. El creyente no depende de emociones pasajeras, sino de una disciplina de adoración. Eso lo guarda firme en medio de pruebas. El primer amor se mantiene vivo porque se alimenta a diario. Así la adoración se convierte en estilo de vida. La renovación es la clave de la fidelidad.

Caminar otra vez en el amor

El verdadero fruto del regreso al primer amor es caminar en fidelidad. La adoración no se queda en palabras, se traduce en vida transformada. Quien regresa al amor inicial demuestra con hechos su devoción. Caminar en amor significa vivir en obediencia y entrega. La adoración sella la restauración con un estilo de vida nuevo. El adorador vuelve a reflejar a Cristo.

Caminar en el amor es vivir consciente de la gracia. El creyente que fue restaurado nunca olvida de dónde lo sacó Dios. Esa gratitud lo mantiene humilde y dependiente. La adoración fluye con más fuerza porque nace del agradecimiento. El amor de Cristo se convierte en motor de todo. Caminar otra vez en el amor es vivir con propósito renovado.

El regreso al primer amor se refleja en la manera de relacionarnos. El adorador restaurado ama más a Dios y también más a su prójimo. La frialdad que lo alejaba es reemplazada por compasión. Su vida se convierte en testimonio de amor restaurado. La adoración lo impulsa a servir con más entrega. El amor se convierte en evidencia viva de la restauración.

Caminar en el amor es perseverar. No es emoción momentánea, es decisión diaria. El adorador restaurado sabe que habrá luchas, pero permanece fiel. Su vida se convierte en ejemplo para otros que necesitan volver. La adoración lo sostiene en medio de pruebas. La fidelidad se convierte en canción constante.

El primer amor no se recupera para guardarlo, sino para caminar en él. Dios restaura para que vivamos en devoción continua. La adoración sella esa restauración con cada decisión de fidelidad. Caminar otra vez en el amor es la mayor victoria. El adorador que lo hace demuestra que el fuego nunca murió, solo esperaba ser reavivado.

Oración final

Señor, restaura en mí el fuego del primer amor. Llévame al arrepentimiento sincero, purifica mi corazón y despierta de nuevo la pasión por tu presencia. Haz que mi adoración sea sencilla, constante y fiel, para caminar cada día en tu amor eterno.

Desafío práctico

Toma tiempo esta semana para escribir una oración donde recuerdes tu primer amor con Cristo. Reconoce lo que has dejado atrás y entrégalo en adoración sincera. Luego, comprométete a vivir en renovación diaria para que ese amor permanezca fresco en todo lo que haces.

Capítulo 7: Creer la Voz de la Verdad en Medio del Miedo

Juan 8:32
Y conoceréis la verdad, y la verdad os hará libres.

Introducción

El miedo es una de las armas más comunes del enemigo para paralizar al creyente, pero la adoración abre el oído para escuchar la voz que libera. La verdad de Dios es más fuerte que cualquier mentira que intente esclavizar la mente. Cuando adoramos, el temor se desenmascara y pierde poder sobre nuestro corazón. El adorador descubre que la verdad no es un concepto, sino una persona: Cristo mismo. Escuchar esa voz en medio del caos cambia la perspectiva de toda situación. Por eso, la adoración es el camino para silenciar el miedo y vivir en libertad.

Identificar las voces que atan

El miedo habla con fuerza, pero la adoración revela que no es la voz de Dios. Muchas veces escuchamos voces que nos dicen que no podemos, que no somos suficientes o que nunca seremos libres. Esas voces son cadenas disfrazadas de pensamientos. La adoración expone esas mentiras, trayendo a la luz la verdad del Padre. El adorador aprende a discernir lo que viene de Dios y lo que viene del enemigo. Identificar las voces que atan es el primer paso para caminar en libertad.

El enemigo siempre ha usado la mentira como estrategia principal. Desde el huerto de Edén susurra dudas para apartarnos de la verdad. Pero la adoración recuerda las promesas de Dios y desenmascara las trampas del adversario. Cada vez que exaltamos el nombre de Cristo, las mentiras pierden fuerza. El adorador que vive en adoración constante desarrolla un oído afinado. Así distingue entre la voz del miedo y la voz de la verdad.

Las voces que atan suelen presentarse en momentos de debilidad. En la soledad, en la prueba o en la caída, el enemigo aprovecha para sembrar mentira. Pero la adoración cambia la atmósfera interior, llenándola de fe. Cuando el adorador abre su boca para alabar, el ambiente espiritual se transforma. Esas voces quedan silenciadas frente a la grandeza de Dios. La verdad ocupa el lugar que el miedo quería dominar.

Identificar esas voces requiere valentía y honestidad. Muchos prefieren ignorarlas, pero el adorador las enfrenta con la Palabra y la adoración. La alabanza se convierte en espada que corta las cadenas del temor. El enemigo no puede resistir a un corazón que adora en medio del miedo. Allí la mentira se desarma y la verdad prevalece. El adorador aprende a no dialogar con el miedo, sino a exaltarlo a Él.

Cada creyente debe preguntarse qué voces está escuchando. ¿Son voces que limitan o voces que liberan? La adoración nos da la capacidad de discernirlo claramente. Lo que no se alinea con la Palabra, no viene de Dios. Esa identificación nos guarda de caer en engaños. El adorador que escucha la voz correcta camina con paso seguro. Identificar las voces que atan es el inicio de la libertad en Cristo.

La voz de la Verdad

La adoración nos lleva a escuchar con claridad la voz que nunca cambia: la voz de Dios. En medio de la tormenta, esa voz se levanta por encima del ruido. Es la voz que calma, que afirma y que da dirección. La verdad de Dios es un ancla firme cuando todo alrededor se tambalea. El adorador que aprende a oírla encuentra paz en el caos. Esa voz es la que trae verdadera libertad.

La voz de la verdad no compite con el miedo, lo derrota. Cada palabra que Dios habla tiene autoridad eterna. La adoración afina nuestro oído para distinguirla de todas las demás. Cuando cantamos sus promesas, recordamos lo que Él ya ha dicho. Esa voz se convierte en guía segura. El adorador reconoce que lo que Dios declara es absoluto, sin importar lo que digan las circunstancias.

La voz de Dios no solo se escucha en el templo, también en lo secreto. En el silencio de la adoración personal, su palabra resuena en lo profundo del alma. Esa intimidad fortalece la confianza del creyente. El Espíritu Santo toma la Palabra y la hace viva en el corazón. Allí el adorador sabe que no está siguiendo un eco, sino la voz genuina del Señor. La verdad se convierte en su refugio.

Cuando la voz de la verdad se hace presente, las mentiras pierden todo poder. La adoración abre el corazón para recibir la convicción divina. Esa convicción reemplaza la duda con certeza. El adorador deja de temblar ante el miedo y se afirma en la roca. La voz de Dios tiene poder para sanar, liberar y restaurar. Escucharla en medio del temor es experimentar libertad plena.

La voz de la verdad siempre apunta a Cristo. Él mismo declaró que es el camino, la verdad y la vida. La adoración nos centra en Él, alejándonos de confusión. El creyente que se expone constantemente a su voz camina en claridad. No se deja arrastrar por mentiras temporales. Allí encuentra la verdadera libertad: vivir en lo que Cristo ya ha hablado.

Fe que desafía la lógica

La adoración no solo calma el miedo, también despierta una fe que desafía la lógica. Cuando la razón dice que no hay salida, la adoración afirma que en Cristo siempre hay esperanza. Esa fe no se basa en lo visible, sino en lo eterno. El adorador aprende a caminar más allá de lo que entiende. En la presencia de Dios, la lógica humana se somete a la verdad divina.

La fe que nace en la adoración no es ilusión, es certeza. Aunque los ojos ven imposibilidad, el corazón escucha la voz que dice "sí se puede". Esa fe mueve al creyente a tomar pasos que nunca se atrevería en lo natural. La adoración inspira a creer en lo sobrenatural. Allí se rompe el dominio de la lógica limitada. La verdad de Dios supera toda razón.

El miedo siempre apela a la lógica para sostenerse. Pero la fe inspirada por la adoración derriba sus argumentos. Cada cántico se convierte en declaración de confianza. Aunque todo alrededor diga lo contrario, el adorador proclama lo que Dios ha dicho. Esa proclamación activa la victoria espiritual. La fe vence donde el miedo quería gobernar.

La adoración nos enseña que creer no es ignorar la realidad, sino verla a la luz de Dios. La fe reconoce los problemas, pero se aferra a la promesa mayor. No niega el dolor, pero afirma que la gracia es suficiente. Esa fe no depende de emociones pasajeras. Se sostiene en la verdad eterna. La adoración fortalece esa perspectiva en el corazón.

La fe que desafía la lógica produce testimonio. Los demás ven al adorador actuar con confianza donde otros se rinden. Eso impacta y despierta esperanza. El adorador se convierte en ejemplo de confianza sobrenatural. Su vida refleja la diferencia entre vivir en miedo y vivir en fe. La adoración no solo lo sostiene, también inspira a otros a creer más allá de la lógica.

Caminar sobre las aguas

La voz de Cristo llama al creyente a caminar donde antes temía hundirse. Como Pedro, el adorador aprende que mientras escuche su voz, lo imposible se vuelve posible. La adoración enfoca los ojos en Jesús, no en el viento ni en las olas. Allí nace la valentía para dar pasos sobrenaturales. Cada acto de fe sostenido en adoración es caminar sobre las aguas.

El miedo intenta desviar la mirada hacia la tormenta. Pero la adoración fija la atención en el Señor. Aunque los problemas sigan, el corazón se mantiene seguro. El adorador entiende que no camina en sus fuerzas, sino en la palabra que lo sostiene. Esa convicción es la que lo hace permanecer. El agua deja de ser amenaza y se convierte en camino.

Caminar sobre las aguas no significa ausencia de dificultad, sino confianza en medio de ella. El adorador no niega la tormenta, pero decide escuchar la voz correcta. Esa decisión cambia el rumbo de la historia. Lo que parecía hundimiento se transforma en testimonio. El miedo pierde poder cuando la fe se activa. La adoración convierte imposibles en victorias.

La voz de la verdad siempre llama a salir de la comodidad. El adorador escucha esa voz y da pasos que desafían el miedo. Esa obediencia activa milagros. Caminar sobre las aguas es vivir en la dimensión donde lo natural cede al poder de Dios. El adorador se convierte en evidencia de lo que significa confiar. Esa experiencia marca su fe para siempre.

Cada creyente tiene su propio mar que enfrentar. Algunos son dudas, otros son pruebas intensas. Pero la voz de la verdad sigue diciendo "ven". La adoración da fuerza para responder a ese llamado. El miedo no puede detener a quien obedece la voz de Cristo. Caminar sobre las aguas se convierte en estilo de vida para el adorador que confía.

Confiar en lo que Él dice

La adoración nos enseña a confiar en la fidelidad de las promesas de Dios. Cuando todo falla, su palabra permanece. El adorador aprende a descansar en lo que Él dice, aunque no vea cumplimiento inmediato. Esa confianza sostiene el corazón en medio de la incertidumbre. La verdad de Cristo se convierte en roca firme. Confiar en su voz es vivir en seguridad.

La confianza no se construye en un día, se forja en la adoración constante. Cada vez que exaltamos a Dios, recordamos su carácter fiel. Esa memoria fortalece la fe. El adorador descubre que lo que Dios dice nunca queda vacío. Su palabra siempre produce fruto. Esa certeza lo mantiene de pie en cualquier temporada.

El miedo se alimenta de incertidumbre, pero la confianza en Dios lo desarma. Cuando el creyente adora, su corazón se alinea con lo eterno. Allí entiende que Dios no miente ni se retracta. Sus promesas son seguras, aunque el tiempo parezca tardar. Esa convicción lo guarda de caer en desesperación. Confiar es elegir creer en lo que Él ya dijo.

La adoración convierte las promesas en cánticos de fe. Cada canción proclamada es un recordatorio de la fidelidad divina. Esa proclamación fortalece la confianza en medio de la espera. El adorador canta lo que cree, no solo lo que siente. Esa disciplina le permite mantenerse firme. Confiar en lo que Él dice es resultado de adorar constantemente.

El adorador que confía en la voz de Dios vive en paz. Aunque alrededor haya caos, su corazón permanece seguro. Esa confianza se refleja en sus decisiones y en su manera de vivir. No se deja arrastrar por el miedo ni por la duda. Vive sostenido por lo que Dios ha hablado. Esa seguridad es fruto de adorar y creer en su palabra.

Vivir libre del temor

El objetivo final de la adoración es llevarnos a vivir en libertad. El temor ya no gobierna cuando la verdad ocupa el corazón. El adorador aprende a descansar en Cristo y a caminar sin cadenas. La adoración abre la puerta a una vida donde el miedo no dicta decisiones. La verdad de Jesús es suficiente para sostener cada paso. Vivir libre del temor es posible en la presencia de Dios.

La libertad que trae la adoración es completa. No solo afecta pensamientos, también emociones y acciones. El adorador experimenta paz en medio de lo que antes lo dominaba. Esa libertad es testimonio de que la verdad realmente transforma. El miedo pierde su trono cuando Cristo ocupa el centro. La adoración asegura esa victoria en el alma.

Vivir libre del temor no significa ausencia de luchas, sino firmeza en medio de ellas. El creyente restaurado por la verdad ya no cede ante el miedo. Aunque sienta su voz, decide escuchar a Cristo. Esa decisión cambia su vida por completo. La adoración refuerza cada día esa libertad. El temor ya no es dueño de su destino.

La libertad en Cristo se convierte en herencia permanente. No es solo una experiencia emocional, es un estado continuo. El adorador aprende a mantenerse firme en la verdad que escuchó. Esa firmeza lo protege de volver a caer en esclavitud. La adoración diaria sostiene esa condición de libertad. Cristo asegura que el temor nunca vuelva a gobernar.

El creyente que vive libre del temor se convierte en luz. Otros ven la paz que lo acompaña y se inspiran a buscar lo mismo. Su vida es testimonio de la verdad que transforma. La adoración lo mantiene enfocado en lo eterno. Esa libertad es la herencia del adorador que confía. Vivir libre del temor es la evidencia de que la verdad nos ha hecho realmente libres.

Oración final

Señor, enséñame a escuchar tu voz en medio del miedo. Silencia toda mentira que quiera atarme y afirma tu verdad en mi corazón. Llévame a vivir en la libertad que solo Cristo puede dar.

Desafío práctico

Esta semana identifica una mentira que el miedo ha sembrado en tu mente. Escríbela y reemplázala con una promesa de Dios que la contradiga. Luego, adora a Dios declarando esa verdad cada día hasta que el temor pierda poder sobre ti.

Capítulo 8
Confiar en el Misterio de Dios Cuando No Hay Respuestas

Isaías 55:9
Como son más altos los cielos que la tierra, así son mis caminos más altos que vuestros caminos.

Introducción

El corazón humano busca explicaciones, pero la adoración nos recuerda que no siempre las tendremos. Dios no está obligado a revelar cada detalle de sus planes, y aun así sigue siendo digno de confianza. La adoración se convierte en el lenguaje del alma cuando las respuestas no llegan. Allí aprendemos a descansar, no en lo que entendemos, sino en quien gobierna. El misterio de Dios no es vacío, es un espacio donde su gloria se manifiesta más allá de la lógica. En ese misterio, la adoración nos enseña a confiar plenamente.

Cuando sus caminos son más altos

La adoración comienza reconociendo que los caminos de Dios superan los nuestros. No se trata de comprender todo, sino de confiar en su soberanía. El adorador aprende a rendirse a un Dios que siempre sabe más. Esa rendición trae paz en medio de la incertidumbre. Aunque los planes de Dios sean incomprensibles, siempre son perfectos. La adoración abre los ojos para aceptar esa verdad.

Los caminos de Dios no son lineales como los nuestros. A veces parecen desviarse, pero siempre conducen al propósito eterno. La adoración nos recuerda que lo que parece confusión es dirección divina. Cada paso oculto en misterio guarda una enseñanza para el corazón. El adorador reconoce que su mirada es limitada. Solo Dios ve el panorama completo.

El que adora entiende que la soberanía de Dios no necesita permiso humano. Él obra como quiere, cuando quiere y con quien quiere. Esa libertad divina confronta nuestro deseo de control. Pero también fortalece la fe, porque sabemos que está en manos seguras. La adoración nos enseña a deleitarnos en su autoridad. Allí encontramos descanso verdadero.

Aceptar que sus caminos son más altos no significa resignación, sino confianza. El adorador no baja los brazos, los levanta en rendición. Esa postura abre la puerta a la paz que sobrepasa entendimiento. La adoración transforma la frustración en gratitud. Lo que parecía derrota se convierte en oportunidad de confiar. Allí descubrimos que su voluntad es siempre mejor.

Los caminos más altos de Dios nos invitan a mirar hacia arriba. La adoración cambia el enfoque de lo terrenal a lo celestial. El creyente que vive en adoración no se desespera por la falta de respuestas. Sabe que su Dios está en control aun cuando él no lo entiende. Esa certeza se convierte en ancla para el alma. La adoración lo sostiene en la fe.

Confiar en lo incomprensible

Adorar en lo incomprensible es reconocer que Dios sigue siendo Dios aunque no entendamos. El adorador aprende a descansar en la soberanía divina sin exigir explicaciones. Esa confianza es fruto de intimidad con el Señor. Cuando adoramos, el alma se libera de la necesidad de controlar. Lo que no entendemos se convierte en altar de confianza. Allí se revela la grandeza de Dios.

La adoración nos lleva a soltar la frustración. El corazón humano quiere respuestas rápidas, pero el cielo tiene tiempos distintos. En adoración aprendemos a esperar sin desesperar. Confiar en lo incomprensible es vivir seguros aunque el camino sea oscuro. El adorador que se rinde encuentra paz en lo inexplicable. Esa paz es evidencia de la fe genuina.

El enemigo aprovecha lo incomprensible para sembrar duda. Pero la adoración levanta un muro de fe. En lugar de enfocarse en lo que falta, el adorador proclama lo que Dios ya ha dicho. Esa proclamación silencia la incertidumbre. La fe se fortalece al cantar en medio de lo desconocido. Allí se demuestra confianza real.

Confiar en lo incomprensible no significa ignorar el dolor. Significa adorar a pesar de él. La adoración reconoce la dificultad pero exalta la fidelidad de Dios. Esa tensión purifica la fe. El adorador descubre que su seguridad no depende de entender, sino de creer. Esa decisión lo hace permanecer en paz.

El misterio se convierte en escenario de confianza. El que confía en lo incomprensible aprende a vivir ligero. La ansiedad pierde su dominio porque ya no es dueño de las respuestas. El adorador descansa en que Dios siempre sabe más. Esa confianza lo libera de cargar lo que nunca podrá controlar. La adoración lo sostiene cuando la mente no encuentra lógica. Confiar en lo incomprensible es un acto de libertad espiritual.

Aceptar el misterio de la fe

El misterio de la fe no es vacío, es plenitud. La adoración nos recuerda que creer no siempre significa ver, pero sí confiar. La fe abraza lo invisible y lo celebra como si ya fuera tangible. El adorador entiende que el misterio no debilita la fe, la fortalece. Allí descubre que la confianza es más poderosa que la lógica. El misterio se convierte en maestro de perseverancia.

Aceptar el misterio es rendirse a la grandeza de Dios. La adoración reconoce que no todo puede ser explicado con palabras humanas. Esa humildad abre la puerta a lo sobrenatural. El adorador deja de depender de sus fuerzas y se apoya en el poder divino. En esa rendición encuentra libertad. El misterio deja de ser carga y se convierte en refugio.

La fe que acepta el misterio es la que permanece firme en

pruebas. El adorador no necesita verlo todo para seguir confiando. Sabe que su Dios es fiel aunque el proceso sea oscuro. Esa convicción lo guarda de la desesperanza. La adoración fortalece esa confianza día tras día. La fe se mantiene viva abrazando lo invisible.

Aceptar el misterio también nos guarda del orgullo espiritual. Cuando creemos que lo entendemos todo, dejamos de depender de Dios. La adoración nos recuerda que siempre habrá cosas que superen nuestro entendimiento. Esa conciencia nos mantiene humildes. El adorador aprende a vivir en dependencia total. Esa dependencia es su verdadera fortaleza.

El misterio de la fe no es obstáculo, es oportunidad. Cada momento incomprensible es un recordatorio de que Dios está en control. La adoración convierte ese recordatorio en canción de confianza. Allí la fe se purifica y se expande. El adorador se vuelve testimonio de firmeza en lo inexplicable. Esa es la esencia de aceptar el misterio de la fe.

Dios en el dolor y en la Esperanza

La adoración nos revela un Dios presente en todo momento. No solo en la victoria, también en el dolor. El adorador aprende que Dios no abandona en las lágrimas. Su presencia se hace aún más real cuando la carga es pesada. Allí el creyente descubre que no está solo. La adoración se convierte en refugio seguro.

El dolor no invalida la presencia de Dios. Más bien la hace evidente. En medio de la prueba, el adorador encuentra consuelo en su amor. Cada lágrima en adoración es recogida por el Padre. Él transforma el lamento en danza con el tiempo. La esperanza renace donde parecía haber ruina. El Dios presente nunca falla.

La adoración en el dolor revela la fortaleza de la fe. El adorador que canta entre lágrimas muestra confianza auténtica. No es un canto vacío, es un clamor de amor. Esa adoración toca el cielo de manera única. El dolor se convierte en escenario para la gloria de Dios. Allí la esperanza toma raíz más profunda.

Dios también está en la esperanza que aún no se ve. La adoración declara victoria aunque todavía no llegue. Esa proclamación fortalece el alma. El adorador aprende a vivir con expectativa de lo eterno. Su fe no se derrumba porque sabe que su Dios es fiel. El dolor y la esperanza se unen en un mismo altar. Allí la adoración resplandece.

El creyente que adora en el dolor y en la esperanza refleja madurez espiritual. Su confianza no depende de la temporada, sino del carácter de Dios. Esa estabilidad impacta a otros y da testimonio de fe real. La adoración lo mantiene de pie cuando otros caen. Allí experimenta la realidad de un Dios que siempre está presente.

Rendir el control

La adoración nos libera de la necesidad de tener todas las respuestas. Rendir el control es reconocer que solo Dios tiene la última palabra. El adorador aprende a soltar lo que no puede manejar. Esa rendición trae descanso y rompe la ansiedad. Confiar en Dios es dejar de cargar lo que no nos corresponde. Allí la adoración se vuelve acto de libertad.

El corazón humano quiere aferrarse al control. Pero la adoración confronta ese orgullo. Levantar manos es señal de rendición, no de dominio. Cada cántico sincero entrega lo que pesa. El adorador entiende que no puede dirigir lo eterno. Solo Dios tiene autoridad sobre todo. Esa convicción trae paz verdadera.

Rendir el control también significa confiar en los tiempos de Dios. La espera puede desesperar, pero la adoración calma el corazón. El adorador declara que su reloj no es el del cielo. Esa confesión alivia la presión interna. La confianza reemplaza la impaciencia. La adoración fortalece la paciencia necesaria para esperar.

El control entregado produce libertad. Ya no es el miedo quien dicta decisiones, sino la fe. El adorador aprende a caminar ligero, confiando en la guía divina. Esa libertad lo hace más sensible a la voz del Espíritu. En lugar de luchar, descansa. En lugar de preocuparse, adora. Esa es la esencia de rendir el control.

Cada día ofrece nuevas oportunidades para soltar el control. El adorador fiel decide entregarlo continuamente. No es un acto único, es una práctica constante. Esa disciplina lo guarda de la ansiedad y lo mantiene en paz. Rendir el control se convierte en estilo de vida. Allí la adoración se transforma en descanso permanente.

Celebrar su soberanía

La adoración no solo acepta la soberanía de Dios, la celebra. El adorador se alegra al saber que su vida está en manos seguras. Aunque los planes divinos sean misteriosos, su corazón descansa en confianza. La adoración convierte esa verdad en motivo de gozo. El creyente aprende a agradecer en todo momento. La soberanía de Dios se convierte en canción.

Celebrar su soberanía es declarar que nada se escapa de su control. Ni las pruebas, ni las pérdidas, ni los silencios. Todo está bajo su mirada eterna. El adorador canta con seguridad porque sabe que Dios gobierna. Esa celebración fortalece la fe. La soberanía de Dios deja de ser teoría y se convierte en experiencia.

La adoración que celebra la soberanía se transforma en testimonio. Otros ven al creyente adorar en medio de lo inexplicable y son inspirados. El gozo en la prueba es evidencia de confianza real. Esa celebración revela la diferencia entre religiosidad y fe viva. El adorador no espera entender para cantar, canta porque confía. Esa es la esencia de la verdadera adoración.

Celebrar su soberanía también protege el corazón de la desesperanza. Cuando recordamos que Dios tiene el control, el miedo pierde terreno. La adoración refuerza esa certeza en el alma. Esa actitud mantiene al creyente firme en toda circunstancia. Celebrar no es negar el dolor, es afirmar que Dios sigue reinando. Esa verdad trae paz permanente.

El adorador que celebra la soberanía vive en descanso. No se deja arrastrar por la incertidumbre del mundo. Su confianza está en un Rey que nunca pierde control. Cada cántico es un recordatorio de esa seguridad. Así, la adoración se convierte en celebración constante de su grandeza. El misterio ya no produce ansiedad, sino gratitud.

Oración final

Señor, enséñame a confiar en tus caminos aunque no los entienda. Ayúdame a rendir mi control y a vivir en paz en medio del misterio. Que mi adoración celebre siempre tu soberanía y me sostenga en tu amor eterno.

Desafío práctico

Esta semana dedica un tiempo de adoración sin pedir respuestas. Solo ríndete y declara que confías en Dios aunque no entiendas todo. Haz de esta práctica un hábito para celebrar su soberanía aun en lo inexplicable.

Capítulo 9: Que la Adoración Perfume el Camino en el Desierto

Salmo 141:2
Suba mi oración delante de ti como el incienso...

Introducción

El desierto es un lugar de prueba donde muchos pierden fuerzas, pero el adorador encuentra en él una oportunidad para elevar fragancia al cielo. La soledad, la sequía y el cansancio no detienen a quien ha aprendido a exaltar a Dios en todo momento. Allí, la adoración se convierte en incienso que sube delante de la presencia divina. Lo que para otros es desolación, para el adorador es altar. El desierto no es excusa para callar, sino escenario donde el cántico cobra más valor. Cada paso en el desierto puede dejar aroma de fe y devoción.

Que mi oración sea incienso

La adoración no se queda en palabras humanas, sino que asciende como incienso agradable ante Dios. Cada oración sincera se eleva como fragancia que llena su trono de delicia. No importa si es un suspiro o un cántico fuerte, lo que importa es la autenticidad del corazón. La adoración sincera nunca queda atrapada en la tierra, siempre encuentra camino al cielo. Esa fragancia espiritual es la señal de un corazón rendido. Dios se deleita en el olor de la adoración genuina.

El incienso en el Antiguo Testamento era preparado con precisión, mostrando que la adoración no puede ofrecerse de cualquier manera. El adorador debe cuidar que su vida sea coherente con su cántico. La fragancia que sube al cielo no se produce con labios vacíos, sino con un corazón íntegro. La oración y la adoración que nacen de la obediencia siempre agradan a Dios. Cada palabra elevada con sinceridad se convierte en perfume acepto. Así, el desierto se llena de aroma celestial.

La adoración en el desierto tiene un valor especial porque surge en medio de dificultad. Cuando el adorador alaba en escasez o dolor, el incienso es más precioso. Dios reconoce el sacrificio de quien canta con lágrimas. Esa fragancia no se compara con ninguna otra. En el cielo, las alabanzas del desierto se guardan como tesoro. El adorador que ofrece incienso en prueba es recordado por Dios.

Que la oración sea incienso también implica constancia. El altar debía estar encendido continuamente, y así debe ser la adoración del creyente. No se trata de momentos aislados, sino de una vida rendida. Cada día ofrece la oportunidad de elevar aroma nuevo. Esa constancia mantiene viva la conexión con el cielo. El incienso de la adoración diaria nunca se apaga.

El adorador que convierte su oración en incienso transforma atmósferas. Lo que era desierto comienza a llenarse de la fragancia de Cristo. Otros perciben ese aroma y encuentran esperanza. La adoración deja de ser solo un acto personal para convertirse en bendición colectiva. Así, la oración como incienso se convierte en testimonio. El desierto perfumado atrae la presencia de Dios.

Seguirle paso a paso

En el desierto, el camino parece interminable, pero la adoración da fuerza para seguir avanzando. El adorador no se queda estancado porque sabe que Dios camina con él. Cada paso se convierte en acto de confianza. La adoración se transforma en motor que lo impulsa. Aunque los recursos falten, la presencia de Dios sostiene. Allí, paso a paso, el adorador sigue adelante.

Seguirle en el desierto requiere obediencia. Israel aprendió a avanzar solo cuando la nube se movía. La adoración enseña a esperar y caminar al ritmo de Dios. No se trata de correr por desesperación, sino de seguir su dirección. Cada paso en obediencia es una nota de adoración. El desierto no se recorre en fuerza propia, sino en dependencia. Esa dependencia asegura llegar al destino.

El adorador que aprende a caminar paso a paso desarrolla paciencia. El desierto no se cruza de un salto, se cruza en perseverancia. La adoración fortalece el corazón para no rendirse. El que adora mantiene su mirada en la meta, no en las dificultades del terreno. Así, cada paso es afirmado por la fe. La perseverancia se convierte en fragancia de adoración.

Seguir paso a paso también significa confiar en lo que no se ve. El desierto es incierto y muchas veces no muestra salida. Pero la adoración mantiene viva la fe en el Dios que abre caminos en lo seco. El adorador declara con cada paso que su confianza está en Él. Esa fe es perfume agradable al cielo. El caminar se convierte en alabanza continua.

Cada creyente enfrenta desiertos distintos, pero la clave es la misma: adorar mientras se camina. El adorador no se detiene en la queja, sigue en gratitud. Cada paso obediente deja huella de confianza. Al final, el desierto se convierte en testimonio de fidelidad. El adorador descubre que cada paso fue parte de la melodía.

Gratitud en cada estación

La adoración verdadera encuentra motivos de gratitud aun en el desierto. El adorador no espera salir de la prueba para agradecer, lo hace en medio de ella. Esa gratitud transforma la sequía en altar. El corazón agradecido no se enfoca en lo que falta, sino en lo que Dios ya ha hecho. La gratitud perfuma el camino con esperanza. Donde otros ven escasez, el adorador ve oportunidad de alabanza.

La gratitud en el desierto revela confianza. Reconocer la mano de Dios en lo poco es un acto de fe. El adorador que agradece en la prueba demuestra que su corazón no depende de circunstancias. Esa actitud atrae la presencia del Señor. La adoración con gratitud es un aroma que agrada profundamente a Dios. Allí el desierto se llena de vida.

La gratitud también guarda al corazón de la amargura. El desierto puede endurecer si no se maneja correctamente. Pero un corazón agradecido se mantiene blando y sensible. La adoración con gratitud protege contra la desesperanza. En lugar de quejas, brota alabanza. Esa fragancia mantiene la fe encendida. El adorador vive distinto porque agradece siempre.

Ser agradecido en cada estación nos recuerda que Dios es fiel en todo tiempo. No importa si es abundancia o escasez, Él sigue siendo digno. La adoración nos entrena a agradecer incluso lo que no entendemos. Esa práctica fortalece la confianza en el carácter de Dios. El adorador aprende a ver cada día como un regalo. La gratitud se convierte en estilo de vida.

La gratitud perfuma el desierto porque lo convierte en testimonio. Otros observan y se sorprenden al ver a alguien dar gracias en dificultad. Ese ejemplo inspira fe en los que observan. La gratitud se expande como fragancia que impacta alrededor. Así, el adorador transforma su entorno con su alabanza. El desierto deja huellas de gratitud eterna.

Cantar en lo secreto y en público

La adoración genuina no se limita a un lugar o circunstancia. El adorador canta en lo secreto cuando nadie lo ve, y también en público como testimonio. Esa coherencia perfuma el desierto. Dios busca corazones que lo adoren en todo lugar. No importa el escenario, lo que importa es la sinceridad. La adoración auténtica fluye sin máscaras. Allí Dios se complace.

Cantar en lo secreto es prueba de devoción. El adorador que levanta cánticos cuando está solo demuestra amor verdadero. No lo hace por reconocimiento humano, sino por pasión divina. Esa intimidad fortalece su fe. En lo secreto, el cielo percibe la fragancia más pura. La adoración privada sostiene la adoración pública.

La adoración en público también es necesaria. No se trata de exhibición, sino de testimonio. Cuando el adorador canta en comunidad, inspira a otros a unirse en fe. Esa unión perfuma el ambiente espiritual. El desierto de muchos se transforma en río de adoración colectiva. El cántico público tiene poder para liberar y sanar. Es evidencia de un corazón genuino.

La coherencia entre lo secreto y lo público es vital. El adorador no puede vivir una doble vida. Lo que canta en privado debe reflejarse en lo que muestra en público. Esa autenticidad mantiene la adoración pura. Dios se agrada de quienes lo adoran con integridad. Esa integridad perfuma cada lugar que pisan.

El adorador que canta en todo momento refleja madurez espiritual. No depende del aplauso ni de la aprobación, sino del amor por Dios. Esa consistencia impacta más que cualquier melodía. La adoración coherente transforma ambientes. El desierto no tiene poder sobre quien canta en secreto y en público. Su cántico se convierte en perfume constante.

Ofrecer mi vida como sacrificio vivo

La adoración va más allá de canciones, es entrega de vida. El adorador entiende que su existencia entera es altar. Cada decisión, cada acción y cada palabra se convierten en sacrificio. En el desierto, esa entrega adquiere un valor aún mayor. Allí, donde parece que no hay nada, el adorador ofrece todo. Esa entrega constante perfuma el camino.

El sacrificio vivo no es de un momento, es de cada día. El adorador decide morir al yo y vivir para Cristo. Esa rendición continua agrada a Dios más que cualquier melodía. El desierto prueba esa entrega con intensidad. Quien adora en sacrificio vivo demuestra fidelidad. Esa fidelidad sube como olor grato al cielo. El sacrificio vivo es la adoración más pura.

Ofrecer la vida como sacrificio vivo implica obediencia. No se trata solo de sentir, sino de actuar. Cada paso en obediencia es nota de adoración. Aunque el desierto sea duro, la obediencia mantiene encendido el fuego. Esa entrega total glorifica al Padre. La vida se convierte en himno de devoción. Allí se prueba el amor verdadero.

El sacrificio vivo también significa perseverar. El adorador no entrega solo en los momentos fáciles, sino también en los difíciles. Esa constancia perfuma el camino de manera única. Dios honra a quienes permanecen fieles en todo tiempo. Esa fidelidad es evidencia de un corazón transformado. El adorador que se ofrece totalmente nunca se queda vacío.

El desierto revela qué tan real es nuestro sacrificio. Cuando no hay nada que impresione a otros, queda solo la devoción verdadera. Allí el adorador demuestra su amor genuino. La vida entera se convierte en ofrenda. Esa entrega perfuma no solo el desierto, sino toda la eternidad. El sacrificio vivo es la esencia de la adoración.

Caminar perfumando el camino

El adorador no solo atraviesa el desierto, lo transforma. Cada paso deja huella de alabanza. El cántico que eleva en sequía perfuma el ambiente espiritual. Otros perciben ese aroma y reciben esperanza. Caminar perfumando el camino es llevar la presencia de Dios donde parece no haber vida. La adoración se convierte en testimonio que marca senderos.

El creyente que adora en el desierto no pasa desapercibido. Su fe inspira a otros a seguir adelante. Aunque el camino sea árido, deja tras de sí aroma de devoción. La adoración lo convierte en canal de bendición. Ese perfume permanece incluso después de que él ha pasado. La vida del adorador deja huellas eternas.

aCaminar perfumando el camino es también vivir con propósito. El adorador entiende que cada paso cuenta. No se trata de vagar sin rumbo, sino de avanzar con dirección divina. Cada paso se convierte en acto de fe. Ese andar perfuma con el olor de Cristo. El desierto se transforma en terreno de gloria.

El perfume de la adoración no solo impacta al cielo, también a la tierra. Quienes rodean al adorador perciben la diferencia. El gozo en medio de la prueba es fragancia poderosa. Esa fragancia rompe cadenas y abre corazones. La adoración convierte el caminar en mensaje. El desierto se vuelve lugar de testimonio.

El adorador que camina perfumando el camino refleja la esencia de Cristo. Su vida es carta abierta que habla de amor y fidelidad. La adoración diaria impregna cada acción. Aunque el desierto sea duro, su huella es de fragancia eterna. Esa fragancia inspira a otros a seguir el mismo camino. Caminar perfumando el camino es vivir en adoración constante.

Oración final

Señor, haz que mi adoración sea fragancia que suba a tu presencia aun en medio del desierto. Que cada paso, cada palabra y cada acción se conviertan en perfume agradable delante de ti. Enséñame a vivir como sacrificio vivo y a dejar huellas de alabanza en todo lugar.

Desafío práctico

Dedica esta semana a escribir un cántico personal que exprese tu adoración en medio de los desiertos de tu vida. Cántalo en tu tiempo devocional y permite que cada palabra se convierta en perfume para Dios. Luego, comparte un testimonio de gratitud con alguien para perfumar también su caminar.

Capítulo 10: Una Fe que No Se Quiebra Frente a la Pérdida

Habacuc 3:17-18
...con todo, yo me alegraré en Jehová, y me gozaré en el Dios de mi salvación.

Introducción

La pérdida es uno de los golpes más duros que enfrenta el ser humano, pero la adoración revela una fe que no se quiebra. Cuando todo parece derrumbarse, el adorador descubre que su sostén no está en las circunstancias, sino en Dios. La adoración en medio de la pérdida se convierte en declaración de confianza más fuerte que cualquier palabra. Allí, la fe se purifica y se fortalece en lo eterno. El dolor no desaparece, pero el corazón encuentra esperanza en la presencia del Señor. La verdadera adoración demuestra que aun en la pérdida, Dios sigue siendo suficiente.

Orar con expectativa sin condiciones

La adoración enseña a orar esperando lo mejor de Dios, pero sin imponer condiciones. El adorador confía aun cuando no tiene garantías de lo que vendrá. Esa confianza revela una fe madura, que se entrega completamente al Señor. Orar con expectativa es creer que Dios es bueno aunque la respuesta no llegue como pensamos. La adoración convierte la incertidumbre en esperanza viva. Esa actitud agrada al Padre y fortalece el alma.

La oración sin condiciones demuestra rendición total. No se trata de exigir, sino de confiar. El adorador abre sus manos y deja que Dios obre conforme a su voluntad. Esa rendición se convierte en fragancia de fe. Aunque el corazón anhele un resultado específico, la adoración lo enfoca en Cristo. Allí, la paz reemplaza la ansiedad. La fe se nutre de esa confianza incondicional.

Orar con expectativa significa también creer en la fidelidad pasada de Dios. El adorador recuerda cómo el Señor respondió en otras temporadas. Esa memoria lo llena de esperanza para lo presente. La adoración aviva esas convicciones con gratitud. Lo que Dios hizo antes lo puede hacer otra vez. Esa confianza sostiene en medio de la espera.

El adorador aprende que la expectativa no está en la respuesta, sino en el Dios que responde. Su corazón se prepara para adorar sin importar el resultado. Esa entrega lo guarda de la frustración. La adoración en expectativa lo mantiene firme en la fe. Su vida refleja descanso en la soberanía de Dios. Esa paz es testimonio poderoso para otros.

La oración sin condiciones es la expresión más pura de confianza. No se apoya en lo que se ve, sino en lo que se cree. El adorador descubre que su fe no depende del cumplimiento de un deseo, sino de la fidelidad divina. Esa fe es inquebrantable porque está cimentada en Dios mismo. La adoración sostiene al alma en esa verdad.

Cuando la respuesta es diferente

Muchas veces oramos por un resultado y recibimos otro. Allí la adoración demuestra si la fe es verdadera. El adorador permanece fiel aun cuando la respuesta no es la que esperaba. La adoración no depende de lo que recibe, sino de quien es Dios. Esa confianza lo protege de caer en desilusión. El corazón se enfoca en la verdad eterna más que en la circunstancia momentánea. La fe se afirma en la soberanía del Señor.

Aceptar respuestas diferentes es un acto de madurez espiritual. El adorador entiende que Dios ve lo que nosotros no vemos. Aunque duela, confía en que sus caminos son mejores. La adoración convierte la decepción en confianza. Esa entrega lo guarda del resentimiento. El adorador proclama que Dios sigue siendo digno de alabanza. Esa declaración es más fuerte en la prueba.

La respuesta diferente también prueba la fidelidad del corazón. Adorar en esos momentos es prueba de amor sincero. No se trata de lo que recibimos, sino de lo que damos. La adoración en la pérdida revela devoción genuina. Esa entrega toca el corazón del Padre. Él se agrada de quienes lo aman sin condiciones.

Cuando la respuesta es distinta, la adoración ofrece consuelo. El corazón dolido encuentra alivio en la presencia divina. Allí, las lágrimas se mezclan con cánticos. Esa mezcla es fragancia preciosa delante de Dios. El adorador descubre que en el dolor, la adoración sana el alma. Esa sanidad fortalece la fe.

La adoración en respuestas inesperadas también es testimonio. Otros observan y ven que el adorador no se quebranta. Esa firmeza inspira confianza en Dios. La fe inquebrantable se vuelve ejemplo vivo. Aunque la respuesta sea diferente, la adoración nunca cesa. Esa perseverancia glorifica a Cristo.

Adorar en medio del dolor

El dolor no cancela la adoración, la purifica. Cuando el corazón llora y aún canta, el cielo se conmueve. La adoración en medio del dolor es sacrificio precioso. No nace de emociones, sino de convicción. Allí se revela que la fe no depende de circunstancias. El adorador que canta en lágrimas ofrece lo más sincero que tiene. Ese canto toca el corazón de Dios de manera especial.

El dolor en la adoración no es negación de la realidad. Es un clamor de confianza en medio de lo roto. El adorador presenta su quebranto como ofrenda. Esa vulnerabilidad abre paso a la presencia sanadora. Dios recibe esas lágrimas como incienso. La adoración se convierte en refugio seguro. Allí, el corazón encuentra consuelo profundo.

Adorar en medio del dolor también es acto de resistencia. El enemigo busca callar la alabanza en la prueba. Pero cuando el creyente sigue adorando, declara victoria. Esa adoración confronta la oscuridad con luz. El dolor se transforma en arma espiritual. El adorador demuestra que el sufrimiento no tiene la última palabra. Dios es más grande que la herida.

El canto en medio del dolor fortalece la fe de otros. Quienes observan se sorprenden al ver adoración en lágrimas. Ese testimonio impacta más que mil palabras. La fe se hace visible en la adoración sincera. El dolor compartido en alabanza se convierte en esperanza para otros. El desierto se transforma en altar.

Dios no desprecia el canto quebrantado. Al contrario, lo honra. Cada lágrima mezclada con adoración es semilla de consuelo futuro. El adorador experimenta restauración progresiva. La fe se refuerza en cada nota. El dolor se convierte en escenario de gloria. Adorar en medio del dolor es vivir una fe que no se quiebra.

Una fe que no depende del resultado

La fe verdadera no está condicionada al resultado que esperamos. El adorador confía en Dios aunque no vea cumplimiento inmediato. Su fe descansa en el carácter de Dios, no en la circunstancia. Esa confianza lo guarda de quebrarse. La adoración proclama que Dios sigue siendo Dios aun cuando no responde como pensamos. Esa declaración sostiene al corazón. El adorador aprende a separar la fe de la expectativa personal.

Aunque no reciba lo que desea, sigue confiando. Esa confianza lo hace inamovible. El enemigo no puede derribar a quien adora más allá del resultado. Esa fe se convierte en roca firme. La adoración refuerza esa convicción cada día. Allí la fe se mantiene inquebrantable.

Una fe que no depende del resultado refleja madurez. No se basa en lo visible, sino en lo eterno. El adorador sabe que Dios es digno siempre. Aunque la respuesta tarde, su adoración no cesa. Esa constancia lo fortalece en la prueba. Su vida se convierte en testimonio de perseverancia. Esa firmeza glorifica al Señor.

La adoración nos enseña que el resultado no es la meta, sino la fidelidad a Cristo. El adorador deja los resultados en manos de Dios. Esa entrega lo libera de la ansiedad. Vive confiado en que el Señor nunca falla. La fe se mantiene fuerte porque se apoya en lo eterno. Esa fe no se quiebra bajo presión.

El adorador que vive en esa fe inspira a otros. Su testimonio muestra que se puede seguir adorando sin importar la circunstancia. Esa confianza impacta corazones. La adoración se convierte en declaración colectiva de fe. La iglesia aprende a vivir sin depender de resultados. Esa enseñanza fortalece a todo el cuerpo.

Esperanza eterna en Cristo

La adoración dirige la mirada más allá del presente. En medio de la pérdida, el adorador encuentra esperanza en lo eterno. Cristo se convierte en ancla para el alma. Esa esperanza no defrauda porque está basada en la resurrección. El dolor de hoy se convierte en gozo en la eternidad. La adoración mantiene esa visión viva.

La esperanza eterna cambia la perspectiva del sufrimiento. Lo que ahora duele es pasajero, pero lo que Dios promete es eterno. El adorador canta con expectativa de gloria futura. Esa visión sostiene en medio del duelo. La adoración proclama que la victoria final está asegurada. Esa esperanza es perfume de fe.

La adoración nos recuerda que la pérdida no es el final. Cristo venció la muerte y asegura vida eterna. Esa verdad llena el corazón de gozo incluso en lágrimas. El adorador declara victoria en medio del lamento. La fe se fortalece con esa visión. La esperanza eterna se convierte en motor de adoración.

El adorador que fija sus ojos en Cristo vive con otra perspectiva. No se deja dominar por la tristeza, sino que encuentra propósito en la eternidad. Esa visión lo guarda de quebrarse. Su adoración es testimonio de la victoria final. El mundo ve su fe y se inspira. La esperanza eterna se convierte en testimonio vivo.

La adoración conecta lo presente con lo eterno. El adorador canta en la tierra lo que un día cantará en el cielo. Esa conexión lo llena de fuerza. Aunque la pérdida sea real, la promesa es más grande. La adoración mantiene esa esperanza viva. Esa esperanza nunca se apaga porque Cristo vive.

Vivir sin quebrarse

La adoración fortalece al creyente para permanecer firme aun en la pérdida. Vivir sin quebrarse no significa no sentir dolor, sino no rendirse ante él. El adorador encuentra fuerza en la presencia de Dios. Cada cántico se convierte en escudo contra la desesperanza. Esa fortaleza es fruto de la adoración constante. La fe se mantiene viva porque está arraigada en Cristo.

Vivir sin quebrarse es vivir en dependencia del Espíritu Santo. El adorador reconoce que sus fuerzas no son suficientes. Se apoya en la gracia que lo sostiene. Esa dependencia lo guarda de caer en desesperación. La adoración lo conecta con el poder divino. Allí encuentra fuerzas renovadas cada día.

La adoración enseña a convertir la debilidad en fortaleza. Lo que parecía derrota se transforma en victoria. El adorador se levanta cada día con nueva fe. Aunque la pérdida sea grande, su confianza en Dios es mayor. Esa actitud lo sostiene en todo momento. La adoración lo mantiene de pie en la batalla.

Vivir sin quebrarse también es decisión. El adorador elige adorar aunque no lo sienta. Esa disciplina lo fortalece en lo interno. La fe se ejercita en cada acto de obediencia. Con el tiempo, esa decisión produce madurez. El adorador aprende a permanecer firme. Esa firmeza es fruto de su adoración constante.

El testimonio de una fe que no se quiebra impacta a otros. Quienes observan ven la diferencia en medio de la pérdida. El adorador inspira esperanza a quienes atraviesan pruebas. Su vida se convierte en mensaje de fe viva. La adoración hace posible lo que parecía imposible. Esa fe inquebrantable glorifica a Cristo.

Oración final

Señor, enséñame a adorarte aun en medio de la pérdida. Que mi fe no dependa de las circunstancias, sino de tu fidelidad eterna. Lléname de esperanza en Cristo y fortalece mi corazón para vivir sin quebrarme.

Desafío práctico

Piensa en una pérdida que aún pesa en tu corazón. Dedica un tiempo de adoración a Dios sin pedir explicaciones ni resultados. Solo exáltalo y declara que Él sigue siendo Dios. Permite que la esperanza eterna renueve tu fe y compártela con alguien que necesite aliento.

Capítulo 11
Rendir el Control Cuando la Ansiedad Nos Domina

Proverbios 3:5
Fíate de Jehová de todo tu corazón, y no te apoyes en tu propia prudencia.

Introducción

La ansiedad es el intento humano de sostener lo que nunca estuvo en nuestras manos. Muchos creyentes cargan con preocupaciones innecesarias porque creen que pueden controlar el rumbo de su vida. Sin embargo, la adoración nos recuerda que Dios es soberano y que nuestra paz está en confiar en su plan. Cada vez que adoramos, soltamos las riendas y permitimos que el Espíritu Santo nos dirija. El control humano genera cansancio, pero la rendición en adoración produce descanso. Este capítulo nos confronta: ¿Estamos adorando desde la confianza, o seguimos viviendo esclavos de la ansiedad?

Reconocer nuestra necesidad

El primer paso para rendir el control es reconocer que somos limitados. La adoración nos confronta con la grandeza de Dios y con nuestra pequeñez. Allí entendemos que no podemos sostener el universo, pero sí podemos confiar en Aquel que lo gobierna todo. El adorador humilde confiesa que necesita la guía del Señor en cada detalle. No hay lugar para la autosuficiencia cuando nos postramos delante del trono. Reconocer nuestra necesidad abre la puerta para que la ansiedad sea reemplazada por dependencia.

La ansiedad se alimenta del engaño de que podemos con todo. Pero la adoración destruye esa mentira y nos recuerda que somos barro en las manos del Alfarero. Cuando levantamos cánticos, renunciamos a ser dueños de nuestro destino y declaramos que Cristo es Señor. Esa declaración de dependencia corta las cadenas del orgullo. El creyente que reconoce su necesidad deja de luchar contra lo imposible. Solo así comienza el proceso de libertad.

Reconocer nuestra necesidad también implica dejar de comparar nuestra vida con la de otros. La ansiedad muchas veces nace de mirar lo que otros tienen y lo que nosotros carecemos. La adoración dirige la mirada al Señor y nos enseña a estar satisfechos en Él. Quien adora aprende que su valor no depende de logros, sino de la gracia de Dios. Esa convicción calma el corazón y lo libera de la carrera interminable. La necesidad se convierte en oportunidad de confiar.

Un adorador que reconoce su necesidad vive agradecido. Sabe que cada respiro es regalo del Creador y cada día una oportunidad para confiar más. Esa gratitud reemplaza la ansiedad por contentamiento. En lugar de quejarse, el adorador eleva cánticos de agradecimiento. Esa actitud abre puertas al gozo del Espíritu. Así se transforma la debilidad en fortaleza.

La adoración no busca aparentar fortaleza, sino reconocer dependencia. Allí el alma deja de fingir control y se postra en sinceridad. Ese reconocimiento atrae la gracia de Dios porque Él resiste al soberbio y da gracia al humilde. Cada adorador que confiesa su necesidad experimenta descanso sobrenatural. La ansiedad no puede habitar donde el corazón reconoce su fragilidad y se rinde. Por eso, el primer paso hacia la libertad es reconocer que necesitamos a Dios en todo.

Soltar el miedo y la ansiedad

La ansiedad se aferra a la vida como cadenas invisibles que oprimen el alma. El adorador aprende a soltar esas cadenas cuando las cambia por cánticos de confianza. No se trata de ignorar los problemas, sino de entregarlos en las manos del Señor. La adoración es el acto práctico de depositar las cargas a los pies de Cristo. Cada canción de rendición rompe la fortaleza del miedo. Allí, el corazón encuentra reposo.

Soltar la ansiedad requiere decisión. Muchos quieren paz, pero siguen abrazando pensamientos que los atormentan. La adoración es el espacio donde decidimos soltar lo que no podemos controlar. Cuando adoramos, le decimos al Señor: "Esto no puedo, pero Tú sí puedes". Esa confesión desata libertad en el espíritu. El miedo pierde fuerza ante un corazón rendido.

El miedo y la adoración no pueden habitar juntos. Cuando el adorador eleva cánticos, desplaza la voz del temor y llena su mente con la verdad de Dios. Las mentiras del enemigo se silencian donde la presencia de Dios es exaltada. Cada adoración es un golpe contra la ansiedad que quiere dominar. Allí el Espíritu trae paz sobrenatural. Soltar es adorar con fe.

El creyente que suelta el miedo aprende a descansar en las promesas. No necesita tener todas las respuestas, porque confía en el carácter de Dios. Esa confianza se construye adorando en medio de la incertidumbre. La ansiedad grita que todo está perdido, pero la adoración proclama que Dios sigue en control. Esa proclamación cambia la atmósfera interior. El adorador deja de vivir oprimido.

Soltar la ansiedad no es un acto único, es un estilo de vida. Cada día el adorador debe poner sus cargas en el altar. Esa práctica continua fortalece su espíritu y lo libra del peso innecesario. Mientras más se suelta en adoración, más paz se recibe. La ansiedad no desaparece con pensamientos positivos, sino con rendición al Señor. Adorar es soltar y confiar.

Dejar que Él dirija

Cuando el creyente insiste en controlar su vida, termina frustrado. Pero cuando deja que Dios dirija, encuentra propósito y dirección. La adoración es el momento en que cedemos el volante y permitimos que el Espíritu marque el rumbo. Ese acto de entrega produce descanso y claridad. El adorador entiende que no sabe todo, pero confía en quien lo sabe todo. La dirección de Dios siempre es mejor que la nuestra.

Dejar que Dios dirija implica obedecer incluso cuando no entendemos. La ansiedad muchas veces nace de la incertidumbre, pero la obediencia rompe esa angustia. El adorador que sigue la voz de Dios aunque no vea el final experimenta paz en el proceso. La rendición no es pasividad, es confianza activa. Al soltar el control, recibimos guía divina. El Señor nunca falla.

La adoración abre los oídos para escuchar dirección del cielo. Allí el Espíritu Santo revela pasos concretos y guía decisiones. El adorador que rinde su voluntad recibe claridad en medio de la confusión. No se trata de forzar puertas, sino de esperar en las que Dios abre. Esa dependencia destruye la ansiedad de tomar malas decisiones. La confianza crece al ver la fidelidad de Dios.

Dejar que Él dirija también implica reconocer que sus tiempos son perfectos. La ansiedad quiere resultados inmediatos, pero la adoración nos enseña a esperar. El adorador que canta en medio de la espera desarrolla paciencia y fe. Esa espera no es pérdida, es entrenamiento para recibir lo mejor de Dios. Rendirse al tiempo divino es un acto de adoración. Allí se encuentra reposo verdadero.

El creyente que deja que Dios dirija vive con confianza. No necesita controlar cada detalle, porque sabe que el Señor tiene el plan perfecto. La adoración lo libra del peso de decidir solo y lo cubre con la seguridad de la guía divina. Allí se cumple la promesa de que Él endereza nuestras veredas. El adorador confiado vive en paz aun en medio del caos. La dirección de Dios siempre trae descanso.

La paz que sobrepasa todo entendimiento

La adoración conduce al adorador a experimentar una paz que no se puede explicar con lógica. Esa paz es un regalo de Dios para los que confían en Él. No depende de circunstancias externas, sino de la presencia interna del Espíritu. Aunque todo alrededor sea tormenta, el corazón se mantiene en calma. Esa paz es testimonio de un Dios real. Solo adorando se recibe.

La ansiedad roba la calma y multiplica los temores. Pero la adoración activa la paz sobrenatural que guarda el corazón. Es un intercambio divino: entregamos la carga y recibimos reposo. Esa paz sobrepasa todo entendimiento porque no se puede explicar con razones humanas. El adorador que la experimenta se convierte en testimonio viviente. Esa calma es fruto de confiar.

La paz de Dios protege la mente contra pensamientos destructivos. Cuando adoramos, el Espíritu coloca murallas de confianza que bloquean el miedo. La mente descansa porque está anclada en la verdad de Dios. Esa paz no significa ausencia de problemas, sino presencia de fortaleza. El adorador aprende a vivir con serenidad en medio de la tormenta. Allí se manifiesta la gloria del Señor.

Esa paz también trae equilibrio emocional. El adorador deja de vivir en altibajos dominados por la ansiedad. Su corazón se estabiliza en la confianza en Cristo. La adoración mantiene encendido ese estado de descanso. Cada cántico renueva la paz que protege. Esa paz se convierte en escudo contra la desesperación. Allí el alma se fortalece.

La paz que sobrepasa entendimiento es una señal del reino de Dios en nosotros. No es fruto de técnicas humanas, sino de rendición espiritual. Cada vez que adoramos, recibimos una dosis de esa paz celestial. Esa experiencia fortalece la fe y silencia la ansiedad. Quien vive en adoración se convierte en portador de paz para otros. La adoración abre el camino al reposo eterno.

Vivir confiando en su plan perfecto

La ansiedad siempre cuestiona el plan de Dios, pero la adoración lo afirma. El adorador que confía entiende que el Señor no se equivoca. Aunque el proceso duela, sabe que hay propósito eterno detrás de cada detalle. Esa confianza se fortalece cantando en medio de lo inexplicable. La adoración sostiene al creyente en el valle y en la cima. Vivir confiando es adorar en todo tiempo.

El plan perfecto de Dios no significa ausencia de dificultades. Más bien incluye pruebas que forman el carácter. El adorador que entiende esto no se queja, sino que confía. Cada lágrima se convierte en ofrenda cuando se deposita en adoración. Esa entrega demuestra que el corazón descansa en el plan divino. La ansiedad no tiene lugar en una vida rendida. Confiar es adoración en acción.

Vivir confiando en su plan también implica aceptar puertas cerradas. Lo que parece pérdida, Dios lo convierte en protección. El adorador aprende a agradecer aun lo que no entiende. Esa gratitud mata la ansiedad y alimenta la fe. Cada día se convierte en oportunidad de reconocer la fidelidad divina. Allí se fortalece la esperanza.

La confianza en el plan perfecto de Dios se alimenta en la intimidad. No se desarrolla en teoría, sino en práctica diaria de adoración. El adorador que busca al Señor cada día crece en seguridad. No necesita controlarlo todo porque sabe que está en manos fieles. Esa confianza produce gozo incluso en medio de lo incierto. Vivir confiando es vivir en paz.

El creyente que confía en el plan perfecto de Dios transmite seguridad a otros. Su vida se convierte en testimonio de estabilidad en Cristo. Esa firmeza inspira a los que viven en ansiedad a rendirse también. La adoración que descansa en el plan divino impacta generaciones. Allí se siembra fe en medio del caos. Confiar en su plan perfecto es el mayor acto de adoración.

Caminar seguros en su guía

La ansiedad genera pasos inseguros, pero la adoración afirma el caminar. El adorador que rinde el control aprende a seguir la guía de Dios con confianza. No necesita ver todo el mapa, solo obedecer cada paso. Esa seguridad viene del Espíritu que dirige. El creyente aprende a caminar confiado en su voz. La guía divina da estabilidad al alma.

Caminar seguros significa creer que Dios no falla. La adoración alimenta esa certeza cada día. Cuando el adorador canta, recuerda las promesas y se fortalece en la fe. Esa seguridad reemplaza la duda por convicción. El corazón se mantiene firme aunque la vida tiemble. Caminar seguros es fruto de rendir el control.

El Espíritu Santo guía de forma práctica y concreta. Un adorador sensible aprende a discernir sus impulsos y obedecerlos. Esa obediencia lo protege de caer en trampas del enemigo. La ansiedad desaparece porque el corazón sabe que está siendo dirigido. La guía del Espíritu es lámpara que alumbra cada paso. Allí se encuentra la seguridad verdadera.

Caminar seguros no significa ausencia de errores, sino dirección constante. Aun cuando el creyente se desvía, la adoración lo lleva de regreso. El Espíritu siempre señala el camino de vuelta. Esa guía firme mantiene la vida alineada con la voluntad de Dios. El adorador que confía nunca se pierde definitivamente. Siempre hay retorno al propósito divino.

La seguridad en la guía de Dios produce confianza colectiva. Una iglesia que adora y se rinde camina con pasos firmes en su misión. La ansiedad no gobierna, porque todos confían en el Señor. Esa comunidad se convierte en luz en medio de la oscuridad. El caminar seguro del pueblo de Dios impacta al mundo. Todo comienza en rendir el control en adoración.

Oración final

Señor, hoy rindo mi control y deposito en tus manos mis ansiedades. Lléname de tu paz que sobrepasa todo entendimiento y dirige mis pasos en tu voluntad perfecta. Que mi adoración sea un acto constante de confianza y dependencia en Ti.

Desafío práctico

Haz una lista de todo lo que te causa ansiedad hoy. Luego, tómate un tiempo de adoración sincera y entrégale cada punto a Dios en oración. Repite esta práctica durante una semana, hasta aprender a vivir confiando en que Su plan es mejor que el tuyo.

Capítulo 12
Dios Presente en Todo Lugar

Salmo 139:7
¿A dónde me iré de tu Espíritu? ¿Y a dónde huiré de tu presencia?

Introducción

La omnipresencia de Dios es una de las verdades más gloriosas y a la vez más desafiantes para el adorador. No existe un rincón de la tierra, un valle profundo ni una cima elevada donde Su presencia no esté. Cuando adoramos, recordamos que no nos encontramos solos, aun en los momentos más oscuros y solitarios. La adoración despierta conciencia de esa realidad y convierte cada lugar en un altar de encuentro. Lo cotidiano se transforma en lo eterno porque Dios está en todas partes. Este capítulo nos reta a vivir conscientes de que el Espíritu Santo nos rodea en todo momento y lugar.

Dios en las alturas y en el valle

Dios no se limita a estar en los momentos gloriosos de victoria, también se manifiesta en los valles de quebranto. El adorador aprende que tanto la cima como el valle son escenarios donde Su presencia es real. La adoración es la respuesta que conecta ambos extremos con gratitud y confianza. En la cima, adoramos celebrando Sus triunfos, y en el valle, adoramos confiando en Su fidelidad. La omnipresencia del Señor garantiza que no caminamos solos en ninguna etapa de la vida.

El adorador que entiende esto aprende a glorificarlo en todo tiempo.

La adoración no ignora las dificultades, pero las coloca bajo la luz de la presencia de Dios. En el valle de sombra de muerte, el adorador recuerda que el Señor está allí como Pastor fiel. En los momentos de gozo, el cántico se eleva en acción de gracias. Ambas experiencias confirman que Su presencia es constante. Nada escapa a Su mirada y ningún lugar está vacío de Su amor. Así, el adorador aprende a depender siempre de Él.

El monte y el valle revelan diferentes facetas de la presencia divina. En lo alto, experimentamos Su grandeza; en lo bajo, Su consuelo. La adoración nos ayuda a reconocer que Dios es igualmente poderoso en ambos lugares. No hay derrota que pueda borrar Su presencia, ni victoria que lo haga menos necesario. Cada estación nos enseña a valorar Su compañía. El adorador maduro vive agradecido en todo.

El enemigo quiere hacernos creer que en el valle Dios se ha retirado. Pero la adoración expone esa mentira y proclama que el Señor permanece fiel. El adorador que levanta cánticos en su dolor recibe nueva fuerza para seguir adelante. La certeza de Su presencia produce esperanza aun en la prueba. Esa esperanza es testimonio vivo de que nunca estamos desamparados. La adoración mantiene viva esa convicción.

Cuando entendemos que Dios está tanto en la cima como en el valle, la ansiedad se disipa. La adoración afirma que Su compañía es más fuerte que nuestras emociones. No importa cuán alta sea la montaña ni cuán profundo el valle, Su Espíritu está allí. Esa revelación cambia nuestra manera de enfrentar la vida. El adorador que vive en esta verdad camina con confianza y paz.

La seguridad de su compañía

Uno de los mayores regalos de la adoración es recordar que nunca estamos solos. Aunque las circunstancias digan lo contrario, la presencia de Dios es una constante. Esa seguridad transforma el temor en confianza. El adorador aprende a apoyarse en la promesa de que el Señor está con él hasta el fin.

No hay oscuridad que opaque esa certeza. La adoración fortalece al corazón en esta verdad.
El enemigo utiliza la soledad como arma para desgastar al creyente. Pero la adoración disuelve esa ilusión y abre los ojos a la realidad de Su compañía. Cuando cantamos, el Espíritu afirma en nuestro interior: "Yo estoy contigo". Esa voz rompe cadenas de desesperación y levanta al alma caída. El adorador deja de temer al abandono. Vive sostenido por la compañía de Dios.

La seguridad de Su compañía no depende de emociones cambiantes. Aunque el corazón no lo sienta, la fe afirma que el Señor está allí. La adoración es la manera práctica de recordar y proclamar esa realidad. Cada vez que adoramos, renovamos la convicción de que Dios habita con nosotros. Esa certeza mantiene firme al creyente en medio de cualquier tormenta. Su compañía es refugio.

Esa compañía también trae dirección. El Señor no solo está presente, sino que guía nuestros pasos. La adoración abre el oído espiritual para escuchar Sus instrucciones. Quien se aferra a Su compañía no tropieza en la confusión. Dios se convierte en brújula en medio del desierto. Esa dirección es fruto de confiar en Su presencia.

El adorador que descansa en la seguridad de Su compañía vive en paz. No depende de personas ni de circunstancias para sentirse completo. Su confianza está en la fidelidad de Dios. Esa fe lo hace resiliente frente a los ataques de la vida. La compañía divina lo guarda en todo momento. La adoración mantiene viva esa seguridad.

Ver su mano en lo cotidiano

La adoración no se limita a los grandes milagros, también nos abre los ojos a lo pequeño. El adorador aprende a ver la mano de Dios en lo cotidiano. Cada detalle, cada provisión y cada momento son evidencia de Su fidelidad. La vida deja de ser común y se convierte en testimonio de Su presencia. La adoración afina la vista para discernir lo invisible en lo diario. Dios está en lo simple.

Lo cotidiano revela la grandeza del Creador. Una comida servida, un respiro más, un amanecer fresco: todos son regalos de Dios. El adorador que se detiene a dar gracias aprende a disfrutar de cada bendición. Esa actitud combate la ansiedad y la queja. La adoración transforma lo común en extraordinario. La vida diaria se vuelve altar de gratitud.

La mano de Dios en lo cotidiano también se manifiesta en las relaciones. Un abrazo, una palabra de ánimo oportuna, un acto de bondad son recordatorios de Su presencia. La adoración nos ayuda a reconocerlo en medio de la gente que nos rodea. Nada es casualidad cuando vivimos adorando. Cada encuentro refleja el cuidado del Padre. Su mano está en todo.

Ver lo cotidiano con ojos espirituales cambia la perspectiva de la vida. El adorador deja de buscar señales extraordinarias y comienza a valorar lo sencillo. Allí encuentra estabilidad y contentamiento. Dios no siempre se revela con fuego del cielo, muchas veces lo hace en susurros diarios. La adoración nos enseña a escucharlos y agradecerlos. Esa práctica fortalece el corazón.

El creyente que aprende a ver a Dios en lo cotidiano vive más agradecido. La gratitud mata la ansiedad y despierta gozo. La adoración se convierte en estilo de vida porque todo es oportunidad de exaltar a Dios. Esa visión trae descanso al alma. Nada es demasiado pequeño para glorificar al Señor. El adorador que ve lo cotidiano con fe vive en plenitud.

Celebrar su fidelidad

La adoración es la manera en que el creyente responde a la fidelidad de Dios. Cada día es motivo de celebración porque el Señor nunca falla. Su fidelidad se renueva cada mañana y se mantiene firme en cada noche. El adorador que reconoce esto no se queda callado. Sus labios proclaman gratitud en todo tiempo. La adoración celebra al Dios que siempre cumple.

Celebrar la fidelidad de Dios implica recordar lo que ha hecho. El adorador mira atrás y ve huellas de provisión, protección y amor. Esa memoria lo impulsa a seguir confiando en el futuro. La ansiedad pierde fuerza cuando recordamos la fidelidad pasada. La adoración convierte la historia personal en testimonio de Su gracia. Allí se fortalece la esperanza.

La fidelidad de Dios no depende de nuestra perfección, sino de Su carácter. Él permanece firme aun cuando nosotros fallamos. Esa verdad despierta humildad y adoración genuina. El adorador celebra no porque sea digno, sino porque Dios es fiel. Esa convicción destruye el orgullo y fortalece la confianza. La adoración proclama la grandeza de Su fidelidad.

Celebrar su fidelidad también edifica a otros. Cuando adoramos en público, testificamos de un Dios que no abandona. Esa proclamación fortalece la fe colectiva y trae ánimo al débil. La adoración se convierte en una ola de gratitud que impacta a la comunidad. La fidelidad divina se hace evidente a través del cántico del adorador. Esa celebración inspira a muchos.

El creyente que celebra la fidelidad de Dios vive en gozo continuo. No necesita esperar grandes milagros, porque ve la mano del Señor en cada día. Su vida se convierte en testimonio de gratitud. La adoración mantiene encendido ese espíritu de celebración. Allí se encuentra la fortaleza para enfrentar cualquier circunstancia. La fidelidad de Dios es motivo eterno de alabanza.

Recordar que Él está allí

La adoración nos entrena para recordar constantemente que Dios está presente. En medio de la confusión, el cántico afirma que no estamos solos. La ansiedad se debilita cada vez que declaramos en adoración: “El Señor está conmigo”. Esa memoria espiritual sostiene al creyente en la prueba. No es una ilusión, es una certeza. Recordar Su presencia cambia todo.

Olvidar que Dios está allí abre la puerta al miedo. El enemigo quiere que pensemos que hemos sido abandonados. Pero la adoración silencia esa mentira y renueva la convicción de Su cercanía. Cada cántico se convierte en un recordatorio audible de Su presencia. El adorador entrena su espíritu para nunca olvidar. Esa disciplina fortalece la fe.

Recordar que Él está allí también nos guarda del pecado. Cuando vivimos conscientes de Su presencia, no nos atrevemos a hacer lo que desagrada. La adoración mantiene viva esa conciencia santa. No se trata de temor humano, sino de reverencia al Dios cercano. El adorador que recuerda que Dios está allí vive en santidad. Esa práctica preserva su integridad.

El Espíritu Santo usa la adoración para recordarnos la Palabra. En medio de luchas, el adorador recuerda promesas que sostienen. Esas palabras reavivan la fe y reemplazan la ansiedad. La memoria espiritual se activa en adoración. Cada recordatorio es un bálsamo para el alma cansada. El adorador aprende a depender de esas verdades.

Recordar que Dios está allí nos libra de la desesperación. Cuando todo parece perdido, el cántico proclama que no estamos solos. Esa declaración cambia la atmósfera interior. El adorador encuentra paz en medio del caos porque sabe que el Señor sigue presente. Esa certeza es ancla en la tormenta. La adoración mantiene viva esa fe.

Vivir confiado en su omnipresencia

La adoración culmina en una vida que descansa en la omnipresencia de Dios. El adorador aprende a caminar con confianza porque sabe que nunca está fuera de Su mirada. Cada paso es acompañado por la gracia divina. Esa convicción lo sostiene en medio de pruebas y victorias. La omnipresencia de Dios es refugio seguro. Adorar es vivir confiado en ella.

La omnipresencia de Dios libera del miedo al futuro. El creyente ya no teme lo desconocido, porque sabe que el Señor ya está allí. Esa seguridad disuelve la ansiedad y alimenta la fe. La adoración lo fortalece para enfrentar cualquier mañana. El adorador descansa en el Dios eterno. Esa confianza cambia la manera de vivir.

Vivir confiado en Su omnipresencia significa dejar de huir. Jonás intentó escapar, pero descubrió que Dios estaba en todo lugar. El adorador maduro entiende que no puede huir del Señor, y por eso se rinde. Esa rendición destruye la rebeldía y abre paso a la obediencia. La adoración nos ayuda a aceptar Su compañía constante. Allí hay libertad verdadera.

La omnipresencia también significa que Dios está presente en la misión. Cuando vamos a proclamar Su nombre, no vamos solos. La adoración nos recuerda que el Espíritu ya está obrando donde llegaremos. Esa certeza impulsa a cumplir la misión con valentía. El adorador no teme porque sabe que Dios está en cada lugar. Esa convicción lo fortalece.

Vivir confiado en Su omnipresencia es caminar con fe inquebrantable. La adoración mantiene viva la conciencia de que Dios está siempre allí. El creyente que vive así no depende de sentimientos, sino de convicciones. Esa vida inspira a otros a rendirse al Señor. La omnipresencia se convierte en motivo de adoración continua. Allí se encuentra la paz eterna.

Oración final

Señor, gracias porque tu presencia llena toda la tierra y nunca me abandonas. Enséñame a adorarte en cada valle y en cada cima, viendo tu mano en lo cotidiano. Haz que mi vida sea un testimonio de confianza en tu omnipresencia.

Desafío práctico

Durante esta semana, detente cada día en un momento cotidiano (una comida, una caminata, una conversación) y adora conscientemente al Señor en ese instante. Declara en voz alta: "Dios está aquí", y permite que esa verdad transforme tu perspectiva.

Capítulo 13
Vivir en Misión Mientras Adoramos

Mateo 28:19
Por tanto, id, y haced discípulos a todas las naciones...

Introducción

La adoración verdadera no encierra al creyente en cuatro paredes, sino que lo impulsa a salir con el mensaje del Evangelio. Un adorador que ha experimentado la presencia de Dios no puede quedarse en silencio, porque su cántico se convierte en testimonio vivo. La adoración nos recuerda que cada nación, tribu y lengua necesita escuchar las buenas nuevas de Cristo. No existe adoración auténtica que no produzca acción misionera, porque el corazón rendido arde por lo que Dios ama: las almas. Cada cántico en espíritu y en verdad es un envío al campo de misión. Este capítulo nos confronta con la pregunta: ¿Está nuestra adoración llevando el mensaje a otros o se ha quedado en lo privado?

Ser la voz que anuncia

La adoración convierte al creyente en una voz profética que anuncia salvación. El adorador no solo canta para sí mismo, sino que proclama las maravillas de Dios a los que aún no le conocen. Cada cántico se convierte en un eco del Evangelio que alcanza corazones. Cuando adoramos, declaramos que Cristo es el único camino, la verdad y la vida. Esa proclamación es parte de nuestra misión. El adorador verdadero no se calla, sino que anuncia.

El silencio en la iglesia no es neutral, es una falta de obediencia. Dios nos llama a ser heraldos de su mensaje, no espectadores pasivos. La adoración nos da la valentía para proclamar su

Palabra con autoridad. Cuando un corazón se enciende en adoración, inevitablemente abre su boca para hablar de Cristo. Cada nota y cada palabra deben convertirse en un anuncio. Así la adoración cumple su propósito misionero.

El adorador entiende que su voz tiene poder espiritual. No se trata de la perfección del canto, sino de la verdad proclamada. Dios unge la voz que anuncia Su mensaje con sinceridad. Cada palabra exaltada se convierte en semilla en el corazón de quienes escuchan. La adoración es proclamación activa. Esa voz rompe cadenas y despierta conciencias.

Ser la voz que anuncia también implica vivir lo que proclamamos. Un cántico pierde fuerza si no está respaldado por una vida íntegra. El adorador que vive en obediencia amplifica el poder de su testimonio. La misión no es solo hablar, es encarnar el mensaje. Esa coherencia multiplica el alcance de la adoración. La voz y la vida deben estar en armonía.

Cada adorador tiene un círculo de influencia donde su voz resuena. Puede ser en la familia, el trabajo o la comunidad. La adoración convierte esos espacios en plataformas de misión. Anunciar no siempre es predicar desde un púlpito, a veces es un acto de amor o una palabra oportuna. Cada creyente es una voz en su entorno. La adoración le da tono y fuerza a ese anuncio.

No descansar hasta que todos oigan

La adoración despierta urgencia por las almas perdidas. El adorador entiende que cada día sin proclamar a Cristo es una oportunidad desperdiciada. Esa urgencia lo lleva a no descansar hasta que otros escuchen el mensaje de salvación. La adoración alimenta un fuego que no permite indiferencia. Cuando un corazón arde por Dios, también arde por las almas. Esa pasión lo impulsa a actuar.

La urgencia misionera no es una emoción pasajera, sino un estilo de vida. El adorador no espera condiciones ideales para anunciar el Evangelio. En cada conversación, en cada encuentro, encuentra ocasión para hablar de Cristo. Esa disposición es fruto de la adoración que mantiene vivo el llamado. No se trata de hacer un esfuerzo aislado, sino de vivir en misión constante. El adorador no descansa mientras quede alguien sin oír.

El Espíritu Santo usa la adoración para mantener la urgencia encendida. Cada cántico genuino nos recuerda el corazón del Padre por los perdidos. Esa conexión convierte la adoración en combustible misionero. No se puede cantar "Santo" sin pensar en aquellos que aún no conocen Su santidad. El adorador siente el peso del cielo en cada canción. Ese peso lo empuja a las naciones.

La urgencia también se refleja en la intercesión. El adorador no solo canta, sino que clama por los que no conocen a Cristo. Esa oración es parte de la misión. La adoración lo lleva a interceder con lágrimas y a rogar por las almas. Esa carga lo mantiene despierto espiritualmente. Su urgencia nace de su tiempo en el altar.

Un adorador que vive sin urgencia misionera está incompleto. Su cántico puede ser hermoso, pero carece de propósito eterno. La misión le da dirección a la adoración y la adoración le da fuerza a la misión. El adorador que entiende esto no descansa hasta ver el Evangelio anunciado. Esa perseverancia honra al Señor y salva vidas.

Llevar luz a lugares oscuros

La adoración impulsa al creyente a entrar en lugares donde reina la oscuridad. El adorador no se esconde de los ambientes difíciles, sino que los transforma con su cántico. Cada lugar oscuro se convierte en terreno fértil para la luz del Evangelio. La adoración no solo llena templos, también llena calles, hogares y naciones con la presencia de Dios. Esa luz vence toda tiniebla. El adorador es portador de esperanza.

La oscuridad no se combate con estrategias humanas, sino con la presencia de Dios. Cuando un adorador llega a un lugar en oración y cántico, el ambiente cambia. La atmósfera espiritual se sacude porque la luz expulsa a las tinieblas. El cántico sincero abre puertas para que el Espíritu Santo obre. Esa luz no es del adorador, sino de Cristo. La adoración la refleja y la expande.

Llevar luz significa también encarnar compasión. No se trata solo de cantar, sino de llevar amor práctico. El adorador visita al enfermo, ayuda al necesitado y consuela al abatido. Sus actos son notas visibles de adoración. Cada obra de misericordia ilumina un lugar oscuro. La adoración se convierte en acción tangible. Esa luz brilla en medio de la necesidad.

La adoración que lleva luz no teme oposición. Las tinieblas se resisten, pero el adorador persiste. Sabe que el poder de Dios es mayor que cualquier obstáculo. Esa valentía lo impulsa a seguir cantando y sirviendo. No se detiene hasta que la oscuridad cede. La adoración perseverante abre paso a la victoria. Allí el nombre de Cristo es exaltado.

Cuando la adoración entra en lugares oscuros, deja huellas eternas. Familias son restauradas, comunidades son transformadas y corazones son liberados. El adorador no busca reconocimiento, busca que Cristo sea glorificado. Esa actitud mantiene su cántico puro y su misión firme. Llevar luz es la evidencia de que la adoración es real. La misión se convierte en adoración en acción.

Vivir con urgencia por las almas

La adoración confronta la apatía y despierta un sentido de urgencia por las almas. El adorador no puede cantar con sinceridad sin sentir el peso del cielo por los perdidos. Cada cántico le recuerda que el tiempo es corto y que el regreso de Cristo está cerca. Esa conciencia lo impulsa a hablar, orar y actuar con determinación. La adoración es combustible de la urgencia. Sin ella, el corazón se enfría.

Vivir con urgencia significa priorizar lo eterno por encima de lo temporal. El adorador deja de perder tiempo en distracciones vacías. Su pasión es invertir su vida en lo que tiene valor eterno. Esa mentalidad lo hace diferente del mundo. Cada decisión se convierte en un acto misionero. La adoración lo mantiene enfocado en el propósito.

El adorador que vive con urgencia no espera que otros hagan la tarea. Él mismo asume la responsabilidad de compartir el Evangelio. Esa disposición refleja madurez espiritual. La adoración lo convierte en protagonista del plan de Dios y no en espectador. Su cántico lo lleva a la acción. Allí encuentra gozo en el servicio.

La urgencia por las almas también lo libra del egoísmo. El adorador entiende que su vida no se trata solo de él, sino de los demás. Cada alma tiene un valor eterno y merece escuchar el mensaje. Esa convicción lo mueve a sacrificar comodidad por la misión. La adoración lo transforma en instrumento de amor. Allí su vida adquiere propósito.

Vivir con urgencia por las almas significa vivir con el corazón alineado al de Dios. El adorador que se rinde en el altar recibe Su carga por los perdidos. Esa carga se convierte en estilo de vida. Su cántico no es solo melodía, es clamor por el mundo. Esa urgencia lo mantiene despierto espiritualmente. Así cumple el llamado de Cristo.

Dejar un legado de fe

La adoración auténtica no termina en una generación, sino que inspira a las siguientes. Cada cántico y cada testimonio dejan huellas en los que vienen detrás. El adorador que vive en misión siembra fe en sus hijos, discípulos y comunidad. Su vida se convierte en herencia espiritual. Esa herencia es más valiosa que cualquier riqueza. La adoración deja legado.

El legado no se construye en un día, sino en años de fidelidad. El adorador perseverante siembra semillas que germinan con el tiempo. Aunque no vea todo el fruto en vida, confía en que Dios usará su ejemplo. La adoración diaria se convierte en un monumento de fe para las futuras generaciones. Esa constancia es el verdadero legado. El tiempo lo confirma.

El legado de fe se multiplica a través de la misión. Cada persona alcanzada por el Evangelio se convierte en un transmisor de la adoración. Así, lo que comenzó en un cántico individual se expande como una ola imparable. El adorador entiende que su vida es parte de una cadena eterna. Cada alma ganada es parte de su herencia espiritual. Esa es la gloria de la misión.

Dejar un legado de fe también significa enseñar con el ejemplo. El adorador no solo habla de misión, sino que vive en misión. Su vida inspira a otros a hacer lo mismo. La adoración práctica es una escuela para los que lo observan. Esa enseñanza impacta más que mil palabras. El legado se siembra en el día a día.

El adorador que deja un legado de fe trasciende su tiempo. Sus cánticos, su vida y su misión continúan resonando aun después de su partida. La adoración no muere, porque su fruto permanece. Ese legado glorifica a Dios y bendice a las generaciones. El adorador vive sabiendo que su vida tiene impacto eterno. Ese es el poder de la misión unida a la adoración.

Adoración que envía

La adoración no solo celebra, también envía. Cada cántico verdadero es una comisión para cumplir la misión de Cristo. El adorador que canta con sinceridad entiende que está recibiendo un llamado a ir. La adoración no se queda en el templo, se extiende a las calles, a las casas y a las naciones. Cada adoración nos recuerda que hemos sido enviados. Esa es la misión que fluye del altar.

Adorar es alinearse con el corazón misionero de Dios. El Padre envió al Hijo y el Hijo envió a la iglesia. La adoración conecta al creyente con esa cadena divina de envío. Cada cántico se convierte en un "heme aquí, envíame a mí". Esa disposición abre puertas para que el Espíritu obre a través del adorador. La adoración lo transforma en instrumento de envío.

La adoración que envía no se queda en palabras. Produce obediencia y acción. El adorador responde al llamado con pasos concretos. Puede ser predicar, servir, discipular o misionar en otro país. Lo importante es que la adoración lo lleva más allá del canto. Esa obediencia confirma la autenticidad de su adoración. Dios respalda al que va en Su nombre.

Cada cántico congregacional es un entrenamiento para la misión. La adoración en comunidad despierta corazones y enciende llamas. Allí el Espíritu reparte cargas misioneras y confirma llamados. El adorador sensible reconoce que la adoración lo está empujando hacia fuera. Esa conciencia lo lleva a obedecer. La adoración lo impulsa a ir.

La adoración que envía convierte la iglesia en un ejército activo. No se trata de un grupo que solo canta, sino de un pueblo que se mueve. Cada adorador es un misionero en su entorno y, cuando Dios lo permite, en las naciones. Esa dinámica expande el reino de Dios. La adoración se convierte en catalizador de misión. Allí el mandato de Cristo se cumple.

Oración final

Señor, que mi adoración nunca sea egoísta ni encerrada, sino que me impulse a cumplir tu misión. Haz de mi vida una voz que proclame tu Evangelio y una luz que brille en la oscuridad. Que cada cántico que levante me recuerde que soy enviado a compartir tu amor.

Desafío práctico

Esta semana comparte tu fe con al menos una persona en tu entorno. Ora antes, adora al Señor, y luego sé intencional en proclamar a Cristo con tus palabras y tus actos. Repite esta práctica hasta que la misión sea parte inseparable de tu adoración.

Capítulo 14
Adorar en la Tormenta que Sacude Nuestra Fe

Salmo 34:1
Bendeciré a Jehová en todo tiempo; su alabanza estará de continuo en mi boca.

Introducción

Las tormentas de la vida llegan sin aviso y sacuden los cimientos de nuestra fe. Son momentos en los que las lágrimas parecen más abundantes que las palabras, y la esperanza parece desvanecerse en el viento. Sin embargo, la adoración en medio de la tormenta es la declaración más poderosa de confianza en Dios. Adorar en el dolor no significa negar la realidad, sino afirmar que Dios sigue siendo Dios a pesar de ella. Es en ese lugar de quebranto donde la fe se prueba y se fortalece. Este capítulo nos enseña que la adoración es el ancla que sostiene el corazón en medio de las tempestades.

Llorar y adorar al mismo tiempo

La adoración en la tormenta no elimina las lágrimas, sino que las convierte en ofrenda. El adorador sincero entiende que llorar no lo hace menos espiritual, sino más humano delante de Dios. Cada lágrima se eleva como un cántico silencioso que toca el corazón del Padre. En esos momentos, la adoración no es un grito de triunfo, sino un susurro de confianza. Dios recibe esas lágrimas como sacrificio agradable. Adorar llorando es un acto de valentía espiritual.

El dolor puede tentar al creyente a guardar silencio, pero la adoración rompe esa resistencia. Cuando el adorador levanta su voz en medio del llanto, declara que su fe no depende de emociones. Esa mezcla de llanto y cántico abre un camino de sanidad interior. La tormenta deja de ser un espacio de derrota y se convierte en altar. Allí la adoración adquiere mayor valor porque nace en medio de la debilidad. El llanto se transforma en adoración genuina.

Llorar y adorar es aceptar la realidad sin perder la esperanza. El adorador no finge fortaleza, sino que se muestra vulnerable delante de Dios. Esa vulnerabilidad abre la puerta para recibir consuelo del Espíritu. Cada lágrima derramada en adoración es recogida por el Señor como un tesoro precioso. El alma encuentra alivio en ese intercambio divino. Allí la tormenta no destruye, sino que purifica.

La adoración en medio del llanto también impacta a los que nos rodean. Otros ven en ese acto un testimonio vivo de fe en acción. El cántico acompañado de lágrimas predica más que mil palabras. Es una evidencia tangible de que la fe es real y profunda. El adorador que adora llorando inspira a otros a confiar en Dios. Ese ejemplo fortalece a la comunidad de fe.

Dios nunca desprecia la adoración que nace en medio del dolor. Él se acerca al corazón quebrantado y lo sostiene. Cada lágrima ofrecida en adoración es semilla que dará fruto de consuelo y esperanza. La tormenta se convierte en oportunidad de intimidad más profunda con el Señor. Llorar y adorar al mismo tiempo es la expresión más sincera de dependencia. En esa rendición, Dios se glorifica.

Recordar que Él sigue siendo Dios

Las tormentas intentan hacernos olvidar quién está en el trono. La adoración nos recuerda que, aunque todo cambie, Dios permanece el mismo. Su soberanía no se tambalea con nuestras circunstancias. El adorador que eleva cánticos en la tormenta proclama esa verdad. Esa declaración se convierte en fortaleza para el alma. Recordar que Él sigue siendo Dios es vital para resistir.

El dolor quiere desenfocar al creyente, pero la adoración devuelve la mirada al cielo. Cada cántico es un recordatorio de que el Señor no pierde control. La tormenta puede ser fuerte, pero no es eterna. Dios gobierna por siempre y nada escapa de su mano. Esa convicción calma el alma agitada. Adorar es proclamar la soberanía de Dios.

Recordar que Él sigue siendo Dios cambia la perspectiva del sufrimiento. La adoración afirma que lo temporal no define la eternidad. Aunque las olas golpeen, el trono permanece inmutable. Esa verdad sostiene la fe en medio del caos. El adorador encuentra paz al recordar que el Señor sigue reinando. Esa certeza es refugio seguro.

La adoración en la tormenta es más poderosa porque es una confesión contra la duda. Mientras el enemigo susurra que todo está perdido, el adorador responde: "Dios sigue en el trono". Esa confesión silencia las mentiras y fortalece la fe. El cántico se convierte en arma espiritual. Esa proclamación abre camino a la victoria.

Recordar que Él sigue siendo Dios produce confianza aun en medio del dolor. El adorador que lo proclama con su boca reafirma su fe en el corazón. Esa fe lo sostiene cuando las fuerzas humanas se agotan. La tormenta no cambia el trono, ni disminuye el poder de Dios. Esa verdad es el ancla de la adoración. Allí la fe se afirma.

Encontrar propósito en el sufrimiento

La adoración transforma la tormenta en escuela espiritual. El adorador aprende que el dolor no es un fin, sino un medio para crecer. Cada lágrima derramada en el altar se convierte en semilla de madurez. El sufrimiento bajo la luz de la adoración revela propósito eterno. Allí entendemos que las pruebas forman el carácter. Nada en las manos de Dios es en vano.

El sufrimiento enseña dependencia. La adoración en medio del dolor revela nuestra necesidad constante del Señor. Allí dejamos de confiar en nuestra fuerza y aprendemos a descansar en Él. Cada tormenta nos recuerda que no somos autosuficientes. Esa lección profundiza la fe y fortalece el espíritu. Adorar en el dolor nos hace más fuertes en lo eterno.

Encontrar propósito en el sufrimiento significa ver más allá de lo inmediato. El adorador entiende que cada prueba es preparación para un nivel mayor de gloria. El dolor se convierte en escalón hacia la madurez espiritual. Esa perspectiva cambia el lamento en confianza. La adoración nos enseña a abrazar la prueba como parte del proceso. Allí se revela el propósito.

El sufrimiento bajo la adoración también nos conecta con otros. Un adorador que ha pasado por tormentas puede consolar a los que atraviesan pruebas similares. Su testimonio se convierte en luz en medio de la oscuridad. Esa conexión multiplica el propósito del sufrimiento. Lo que fue dolor se transforma en ministerio. La adoración da sentido a cada herida.

La tormenta no tiene la última palabra cuando se adora. El dolor se convierte en maestro y la prueba en plataforma. Cada adorador que encuentra propósito en el sufrimiento crece en fe y sabiduría. Su vida se convierte en testimonio vivo de la fidelidad de Dios. La adoración cambia la narrativa de derrota en victoria. Allí se revela la gloria de Cristo.

Dejar que la tormenta fortalezca la fe

Las tormentas prueban la calidad de nuestra fe. El adorador que se mantiene firme en medio del viento demuestra que su confianza está en Dios. Cada prueba es una oportunidad para que la fe se fortalezca. La adoración en esos momentos es como hierro que se templa en el fuego. Lo que parecía debilidad se convierte en resistencia. La tormenta se transforma en entrenamiento espiritual.

La fe no crece en la comodidad, sino en la adversidad. El adorador entiende que las pruebas son gimnasios de confianza. Cada cántico en medio del dolor es un ejercicio que fortalece el espíritu. Esa perseverancia edifica raíces profundas en la Palabra. La tormenta deja de ser enemiga y se convierte en aliada para la madurez. Allí se produce una fe inquebrantable.

Dejar que la tormenta fortalezca la fe requiere rendición. El adorador no lucha contra lo inevitable, sino que confía en que Dios tiene control. Esa rendición se expresa en adoración sincera. En lugar de resistir, el creyente se postra y recibe fuerza divina. Esa actitud transforma la prueba en oportunidad de crecimiento. La fe florece en medio de la tormenta.

La tormenta también revela lo que está en el corazón. Si hay fe genuina, saldrá a la luz; si hay duda, será confrontada. La adoración expone y fortalece al mismo tiempo. Cada cántico revela en quién hemos puesto nuestra confianza. Esa revelación nos ayuda a corregir y a crecer. La fe probada es fe purificada.

Dejar que la tormenta fortalezca la fe prepara al creyente para mayores desafíos. El adorador que ha superado pruebas está listo para enfrentar batallas más grandes. Su fe se convierte en ejemplo para otros. Cada tormenta superada se convierte en testimonio de la fidelidad divina. La adoración transforma la fragilidad en fortaleza. Allí se levanta un adorador maduro.

Una declaración de confianza

La adoración en medio de la tormenta es una declaración pública de confianza en Dios. No es solo un acto personal, es un testimonio visible. El adorador que canta mientras todo se sacude proclama que su fe está firme. Esa declaración honra a Dios y avergüenza al enemigo. La adoración se convierte en estandarte de victoria. Es la voz de la fe en acción.

Declarar confianza en Dios no significa negar la realidad. Significa proclamar que hay una verdad mayor que la tormenta. La adoración convierte esa declaración en himno de esperanza. Cada palabra exaltada fortalece el corazón. Esa confesión transforma la desesperación en seguridad. El adorador proclama lo que cree, aunque aún no lo vea.

Esa declaración impacta a quienes observan. Otros ven en la adoración un testimonio de fe en medio del caos. Esa valentía inspira a los débiles y motiva a los desanimados. La adoración se convierte en predicación viva. Cada cántico es una proclamación de que Dios sigue siendo fiel. Esa verdad no se puede callar.

La declaración de confianza también refuerza al propio adorador. Cada vez que proclama la fidelidad de Dios, su espíritu se afirma. Esa confesión constante lo sostiene cuando las fuerzas flaquean. La adoración se convierte en recordatorio de que Dios nunca falla. La fe se robustece al declarar confianza. Esa práctica vence al temor.

Una declaración de confianza en medio de la tormenta abre puertas de victoria. El cielo respalda al adorador que proclama la grandeza de Dios en su prueba. Esa declaración atrae intervención divina. La tormenta no tiene poder contra un cántico de confianza. Allí la adoración se convierte en llave de victoria. El adorador aprende a vivir proclamando fe.

Esperanza en medio de la tormenta

La adoración en medio de la tormenta siembra esperanza donde todo parece perdido. El adorador proclama que el dolor es temporal y la gloria de Dios es eterna. Esa esperanza lo sostiene cuando las fuerzas se desvanecen. Cada cántico se convierte en declaración de futuro. La tormenta pasa, pero la fidelidad de Dios permanece. Esa certeza produce paz.

La esperanza no es optimismo humano, es confianza en las promesas divinas. La adoración mantiene viva esa esperanza en medio de la oscuridad. Cuando todo parece hundirse, el adorador levanta un cántico de fe. Esa voz se convierte en faro en la noche. La esperanza se fortalece en la alabanza. Esa práctica sostiene el alma.

La esperanza en medio de la tormenta también se convierte en testimonio. Otros ven la fe del adorador y se animan a seguir adelante. Su cántico es semilla que germina en corazones desanimados. La adoración multiplica la esperanza. Lo que comenzó como acto personal se convierte en bendición colectiva. Esa esperanza se expande en la comunidad de fe.

La adoración no elimina la tormenta, pero transforma cómo la enfrentamos. Un corazón lleno de esperanza no se rinde fácilmente. Esa esperanza lo mantiene firme hasta que la tormenta pasa. La adoración lo conecta con la victoria futura en Cristo. Esa perspectiva le da fuerzas para resistir. La esperanza es fruto de la adoración.

El adorador que cultiva esperanza en medio de la tormenta vive diferente. Su corazón no se hunde en la desesperación, sino que se eleva en confianza. Esa esperanza lo guarda hasta que vea la luz de nuevo. La adoración lo mantiene firme y confiado. En medio del viento y de las olas, el adorador proclama: "Mi esperanza está en el Señor". Esa verdad lo sostiene siempre.

Oración final

Señor, enséñame a adorarte en medio de mis tormentas y a confiar en ti más allá del dolor. Haz que mi cántico en el quebranto sea testimonio de tu fidelidad. Que mi fe se fortalezca y mi esperanza permanezca firme hasta ver tu victoria manifestada.

Desafío práctico

Cuando enfrentes una situación difícil esta semana, toma un momento para detenerte y adorar. No esperes a que pase la tormenta, adora en medio de ella. Declara con tus labios la fidelidad de Dios y permite que la esperanza llene tu corazón en medio del caos.

Capítulo 15
Esperanza Eterna: La Última Canción del Adorador

1 Tesalonicenses 4:17
Y así estaremos siempre con el Señor.

Introducción

La adoración en esta vida es solo un ensayo de lo que viviremos en la eternidad. Cada cántico aquí tiene principio y fin, pero en el cielo no habrá interrupciones. El adorador entiende que la mayor esperanza no es la solución de un problema terrenal, sino el encuentro eterno con Cristo. Esa certeza lo impulsa a perseverar en medio de pruebas y dolores. La adoración terrenal culmina en la canción celestial que nunca cesará. Este capítulo nos recuerda que todo cántico aquí apunta a la esperanza eterna de estar con el Señor para siempre.

La adoración aquí es temporal

La adoración que elevamos en la tierra está marcada por limitaciones humanas. Nos cansamos, a veces nos distraemos y otras veces no logramos expresar todo lo que sentimos. Sin embargo, aun con esas limitaciones, Dios recibe nuestra adoración como olor grato. El adorador entiende que su cántico terrenal es imperfecto, pero está lleno de sinceridad. Esa adoración temporal refleja nuestro deseo de lo eterno. Cada nota aquí anticipa la eternidad con Cristo.

Las limitaciones no restan valor a la adoración. Al contrario, la hacen preciosa porque nacen en medio de debilidad. Dios se agrada de corazones que, aun luchando con imperfecciones, deciden adorarlo. Cada cántico en medio de la fragilidad es un testimonio de amor genuino. La adoración terrenal es un recordatorio de que anhelamos algo más grande. Esa expectativa sostiene al creyente.

En la tierra, la adoración está mezclada con lágrimas y pruebas. Muchas veces cantamos con corazones heridos o confundidos. Sin embargo, ese cántico se eleva como semilla para la eternidad. El adorador entiende que aunque ahora adore con dolor, un día cantará con gozo perfecto. Esa esperanza lo fortalece para perseverar. La adoración terrenal es un ensayo de la gloria venidera.

La temporalidad de la adoración terrenal también nos recuerda la brevedad de la vida. Cada momento de adoración aquí es un tesoro irrepetible. El adorador aprende a valorar cada instante en la presencia de Dios. Esa valoración lo lleva a adorar con todo su corazón mientras tenga aliento. Cada cántico ahora prepara el corazón para el cántico eterno. Así vive consciente de la eternidad.

El adorador que comprende que su adoración es temporal no se apega a lo pasajero. Vive con los ojos puestos en la meta final. Sabe que el cántico eterno lo espera y que cada alabanza aquí es un paso más cerca. Esa conciencia lo guarda de la apatía y lo llena de pasión. La adoración terrenal se convierte en un puente hacia lo eterno. Allí descansa su esperanza.

El cielo como destino

La adoración apunta al lugar donde todo será perfecto: la presencia eterna del Señor. El adorador vive con la certeza de que su destino final no es esta tierra, sino el cielo. Esa esperanza transforma la manera en que enfrenta las pruebas. Cada dificultad es vista como pasajera frente a la gloria venidera. El cielo es el hogar donde la adoración nunca cesará. Allí culmina la fe.

La adoración en la tierra es una brújula que señala hacia el cielo. Cada cántico nos recuerda que no pertenecemos a este mundo. Somos peregrinos en camino hacia la patria celestial. Esa conciencia nos mantiene firmes y enfocados. El adorador entiende que todo lo terrenal pierde brillo frente a la promesa del cielo. Esa promesa lo sostiene.

El cielo es la meta de la adoración porque allí está Cristo. La adoración genuina siempre se centra en Él y culmina en su presencia. El adorador no anhela recompensas terrenales, anhela estar con su Salvador. Esa pasión lo impulsa a perseverar. Nada puede compararse con la gloria de ese encuentro. La adoración se convierte en un anticipo de esa reunión.

El cielo también nos recuerda que la muerte no es el final. Para el adorador, morir es encontrarse con la plenitud de su canción. Cada vida que termina en Cristo comienza una adoración eterna. Esa certeza quita el miedo al futuro y llena de esperanza. La adoración en la tierra prepara al corazón para ese momento glorioso. La muerte se convierte en puerta a la gloria.

El cielo como destino transforma la perspectiva de la vida. El adorador aprende a vivir con esperanza firme. No se desespera en medio de la prueba porque sabe que lo mejor está por venir. Esa visión eterna cambia cada decisión y cada adoración. Todo lo terrenal apunta hacia lo celestial. El cielo es el destino final del adorador.

La esperanza que sostiene

La adoración mantiene viva la esperanza cuando todo lo demás se derrumba. El adorador canta aun cuando sus ojos no ven la respuesta. Esa esperanza es ancla que lo sostiene en medio de la tormenta. No es una ilusión, es confianza en las promesas de Dios. La adoración alimenta esa fe. Cada cántico se convierte en declaración de esperanza.

La esperanza en medio de la adoración no depende de circunstancias. Aunque todo alrededor se sacuda, el adorador confía en el Señor. Esa confianza lo guarda de caer en desesperación. La adoración convierte la incertidumbre en seguridad. Cada canción se vuelve una proclamación de victoria futura. Esa esperanza sostiene el corazón.

La esperanza también nos da fuerza para continuar en el llamado. El adorador que vive con los ojos en lo eterno no se rinde fácilmente. Su cántico le recuerda que aún queda camino por recorrer. Esa perspectiva lo impulsa a seguir adelante. La adoración es el recordatorio constante de que no caminamos en vano. La esperanza nos da resistencia.

La adoración fortalece la esperanza porque nos conecta con la Palabra. Cada cántico verdadero nace de las promesas de Dios. Cuando adoramos, esas promesas se hacen vivas en nuestro espíritu. La fe se alimenta y la esperanza se renueva. Esa conexión mantiene al adorador firme. Las promesas cantadas sostienen el alma.

La esperanza que sostiene al adorador no es débil, es firme. Se arraiga en el carácter inmutable de Dios. Esa certeza lo guarda aun en medio del dolor. La adoración proclama que lo mejor está por venir. Esa esperanza lo prepara para la gloria eterna. Allí descansa su confianza.

La victoria final de la fe

La adoración proclama que la fe no será en vano. Cada lágrima, cada prueba y cada batalla tendrán recompensa en la eternidad. El adorador canta porque sabe que su victoria está asegurada en Cristo. Esa certeza lo impulsa a perseverar hasta el final. La adoración celebra la victoria antes de verla. Esa fe glorifica a Dios.

La victoria final no es sobre enemigos humanos, sino sobre el pecado y la muerte. Cristo venció en la cruz y nos dio acceso a la vida eterna. El adorador canta en gratitud por esa victoria asegurada. Cada nota se convierte en testimonio de la obra de Cristo. Esa verdad fortalece el corazón en medio de la prueba. La adoración proclama la victoria eterna.

La fe probada en la tierra se transforma en triunfo en la eternidad. El adorador que persevera recibirá la corona de vida. Esa esperanza lo anima a no rendirse. Cada cántico es un recordatorio de que la victoria es segura. No importa cuán fuerte sea la tormenta, el final está garantizado. La fe en Cristo nunca falla.

La victoria final también se manifiesta en el gozo eterno. El adorador que sufrió en la tierra experimentará plenitud en el cielo. Esa promesa convierte el dolor en combustible de esperanza. Cada prueba vivida aquí será compensada en la gloria. La adoración anticipa esa celebración. Esa certeza nos da fuerzas para seguir.

La adoración que anuncia la victoria final nos mantiene enfocados en lo eterno. El adorador no se distrae con lo pasajero. Vive con los ojos puestos en el premio. Esa expectativa lo sostiene. La victoria final de la fe es el motivo supremo de su adoración. Allí encuentra paz.

El cántico eterno

En el cielo no habrá pausas para la adoración. Será un cántico continuo de gloria al Cordero. El adorador entiende que su destino es cantar eternamente delante del trono. Allí no habrá cansancio ni distracción, solo plenitud de gozo. Ese cántico será perfecto porque no habrá pecado que lo limite. La eternidad se llenará de adoración.

El cántico eterno será la culminación de toda historia de fe. Cada lágrima aquí se convertirá en nota de gloria allá. El adorador que sufrió encontrará en ese cántico la recompensa de su perseverancia. Ese momento será la consumación del propósito de la vida cristiana. La adoración terrenal se fusionará con la adoración celestial. Esa unión será perfecta.

El cántico eterno no será monótono, será multicolor. Cada nación y cada lengua levantarán su voz en armonía. La diversidad de culturas se unirá en un solo coro. Esa unidad será testimonio de la obra redentora de Cristo. El adorador participará de una sinfonía gloriosa. Ese cántico celebrará la victoria del Cordero.

Ese cántico eterno será sin lágrimas ni dolor. Dios enjugará toda lágrima de los ojos de los suyos. El sufrimiento no tendrá lugar en la adoración celestial. Solo habrá gozo y plenitud en Su presencia. El adorador experimentará un cántico sin interrupciones. Esa realidad llena de esperanza al corazón en la tierra.

El cántico eterno es la meta de todo adorador. Cada canción aquí es un ensayo para esa sinfonía final. El creyente vive con los ojos puestos en esa promesa. La adoración diaria lo prepara para ese momento glorioso. Allí se cumplirá el anhelo más profundo del adorador: estar siempre con el Señor.

La última canción

La vida del adorador en la tierra es una preparación para su última canción. Ese cántico no será entonado aquí, sino al encontrarse cara a cara con Cristo. Cada alabanza terrenal apunta hacia esa melodía final. La última canción no es de despedida, sino de bienvenida a la eternidad. Allí el adorador se unirá al coro celestial. Esa será la culminación de su fe.

La última canción es el testimonio de una vida rendida a Dios. No importa cuántos logros terrenales se hayan alcanzado, lo que contará será la fidelidad en la adoración. Esa fidelidad se coronará en el cielo con el cántico eterno. El adorador vivió en la tierra anticipando esa canción. Ahora la entona en plenitud delante del trono. Esa es la recompensa final.

Vivir anticipando la última canción da sentido a cada día. El adorador sabe que su vida no termina en esta tierra. Cada prueba, cada victoria y cada lágrima lo acercan más al momento glorioso. Esa perspectiva lo fortalece para seguir fiel. La adoración lo mantiene enfocado en lo eterno. Esa esperanza lo sostiene en todo tiempo.

La última canción será proclamación de victoria eterna. El adorador que perseveró hasta el fin entonará ese cántico con gozo indescriptible. Allí no habrá dolor ni angustia, solo celebración eterna. Esa promesa llena el corazón de confianza. La adoración terrenal se convierte en anticipo de esa victoria final. El adorador vive esperando ese día.

El creyente que entiende la última canción vive con propósito. No gasta su vida en lo pasajero, sino en lo eterno. Su adoración se enfoca en agradar a Dios hasta el último aliento. Esa vida culmina en el cántico eterno. La esperanza de esa última canción lo guarda firme en la fe. Así el adorador vive anticipando la gloria venidera.

Oración final

Señor, gracias por la esperanza eterna que me das en Cristo. Haz que mi adoración aquí en la tierra siempre apunte al cielo. Que mi vida sea un cántico constante que se una un día a la última canción delante de tu trono.

Desafío práctico

Cada día de esta semana, termina tu jornada con un momento de adoración personal. Hazlo recordando que tu vida apunta a la eternidad y que un día cantarás delante del trono por siempre. Permite que esa esperanza transforme tu manera de vivir hoy.

Apéndice

21 Días de Adoración
Un Camino Práctico y Profundo

Cada día es una invitación a un encuentro real con Dios. No son simples ejercicios, sino pasos de formación para un estilo de vida de adoración.

Día 1 – Gratitud en Silencio
Dedica cinco minutos en silencio, sin música, solo hablando con tus propias palabras de gratitud a Dios.

Reflexión: El silencio abre espacio para escuchar la voz de Dios. Muchas veces confundimos adoración con llenar el ambiente de ruido, pero también se adora al estar quietos delante de Él. La gratitud sincera no necesita adornos. En este momento reconoces que lo tienes todo en Cristo. Este día es el fundamento: aprender a callar para escuchar.

Texto clave: Salmo 46:10 – Estad quietos, y conoced que yo soy Dios.

Día 2 – Tres Razones Escritas
Escribe en un papel tres razones por las que Dios es digno de tu adoración hoy.

Reflexión: Escribir es un acto de fe y memoria. Las razones que anotas se convierten en testimonio para días futuros. Esta práctica también te libra de la queja, porque al enfocarte en lo que Dios ha hecho, tu corazón cambia de perspectiva. No son simples frases, son recordatorios de su fidelidad. Guarda ese papel como memorial.

Texto clave: Salmo 103:2 – Bendice, alma mía, a Jehová, y no olvides ninguno de sus beneficios.

Día 3 – Orar un Salmo en Voz Alta
Lee un salmo en voz alta como oración de adoración.

Reflexión: Los salmos son la escuela de adoración del pueblo de Dios. Cuando los lees en voz alta, conviertes las palabras inspiradas en tu propia oración. Es más que lectura, es proclamación. La adoración no solo se siente, también se declara. Declara con convicción lo que otros santos cantaron siglos atrás.

Texto clave: Salmo 95:6 – Venid, adoremos y postrémonos; arrodillémonos delante de Jehová nuestro Hacedor.

Día 4 – Adorar en la Preocupación
Toma un momento de adoración en medio de una preocupación específica, entregándola al Señor.

Reflexión: La adoración es antídoto contra la ansiedad. Cuando elevas tu voz en medio de la preocupación, reconoces que tus cargas están en mejores manos. No es negar el problema, es entregarlo a un Dios mayor que tu preocupación. Aprende a ver la adoración como un acto de confianza.

Texto clave: Filipenses 4:6 – Por nada estéis afanosos, sino sean conocidas vuestras peticiones delante de Dios en toda oración y ruego.

Día 5 – Lista de Bendiciones
Haz una lista de las bendiciones de tu vida y adora a Dios por cada una.

Reflexión: Contar bendiciones entrena el corazón para reconocer lo que ya tienes en lugar de lamentarte por lo que falta. Cada bendición escrita es una evidencia de la mano de Dios en tu historia. Este ejercicio rompe la ingratitud y fortalece la fe. Recuerda: lo que agradeces, lo valoras; lo que adoras, lo exaltas.

Texto clave: Santiago 1:17 – Toda buena dádiva y todo don perfecto desciende de lo alto.

Día 6 – Un Canto Cristocéntrico
Escoge un canto cristocéntrico y cántalo como oración, no como música.

Reflexión: Muchos cantan canciones, pero pocos las convierten en oración. Escoge un cántico que exalte a Cristo y cántalo no para entretenerte, sino para rendirte. Que cada palabra que sale de tu boca sea una declaración de fe. Así la adoración trasciende la melodía y se convierte en encuentro.

Texto clave: Colosenses 3:16 – La palabra de Cristo more en abundancia en vosotros, enseñándoos y exhortándoos unos a otros en toda sabiduría, cantando con gracia en vuestros corazones al Señor con salmos e himnos y cánticos espirituales.

Día 7 – Escribir tu Salmo Personal
Escribe tu propio salmo de adoración.

Reflexión: El Espíritu te inspira a expresar tu corazón como lo hicieron David y los salmistas. No busques perfección literaria, busca autenticidad. Este ejercicio te recuerda que tú también puedes ser voz poética delante de Dios. Guarda tu escrito como testimonio de tu relación íntima con Él.

Texto clave: Salmo 40:3 – Puso luego en mi boca cántico nuevo, alabanza a nuestro Dios.

Día 8 – Adorar en lo Cotidiano
Adora a Dios en medio de una tarea cotidiana (trabajo, limpieza, estudio) dedicándola a Él.

Reflexión: La verdadera adoración no se limita al templo, sino que invade lo cotidiano. Cada tarea puede convertirse en acto de servicio al Señor. Cuando trabajas con excelencia y lo ofreces como adoración, tu rutina se transforma en altar. Aprende a conectar lo ordinario con lo eterno.

Texto clave: Colosenses 3:23 – Y todo lo que hagáis, hacedlo de corazón, como para el Señor y no para los hombres.

Día 9 – Servicio como Adoración
Haz un acto de servicio a alguien y conviértelo en adoración práctica.

Reflexión: Adorar es también amar al prójimo. Cuando sirves desinteresadamente, tu acto se convierte en ofrenda a Dios. No busques reconocimiento, busca reflejar el carácter de Cristo. Ese servicio es cántico silencioso que sube como incienso.

Texto clave: Mateo 25:40 – En cuanto lo hicisteis a uno de estos mis hermanos más pequeños, a mí lo hicisteis.

Día 10 – Adorar en la Debilidad
Adora a Dios en medio de una debilidad o lucha personal.

Reflexión: Nuestras debilidades no nos alejan de la adoración, sino que nos empujan a depender más de Dios. Cuando reconoces tu fragilidad y aún así levantas tu voz, tu adoración se vuelve más auténtica. El Señor se glorifica en lo que no podemos controlar.

Texto clave: 2 Corintios 12:9 – Bástate mi gracia; porque mi poder se perfecciona en la debilidad.

Día 11 – Un Versículo en tu Boca
Memoriza un versículo de adoración y repítelo durante el día.

Reflexión: La adoración no siempre necesita música, a veces basta con la Palabra. Cuando meditas un texto bíblico durante el día, tu mente y tu espíritu se mantienen en comunión constante. Memorizar fortalece el corazón y te entrena para la batalla espiritual.

Texto clave: Salmo 119:11 – En mi corazón he guardado tus dichos, para no pecar contra ti.

Día 12 – Adorar en Comunidad
Adora con tu familia o amigos, guiando un momento de oración juntos.

Reflexión: La adoración se multiplica en unidad. Cuando elevamos una voz colectiva, el ambiente cambia. Este ejercicio enseña que el hogar y la comunidad también son altares. Liderar un momento así bendice a otros y fortalece tus propias convicciones.

Texto clave: Mateo 18:20 – Porque donde están dos o tres congregados en mi nombre, allí estoy yo en medio de ellos.

Día 13 – Oración sin Pedir
Dedica una oración de adoración sin pedir nada, solo exaltando a Dios.

Reflexión: La mayoría de nuestras oraciones están llenas de peticiones. Hoy practica una oración distinta: solo exalta al Señor por lo que es. Esto purifica la intención del corazón y centra tu adoración en el Dador, no en los dones.

Texto clave: Salmo 29:2 – Dad a Jehová la gloria debida a su nombre; adorad a Jehová en la hermosura de la santidad.

Día 14 – Carta a Dios
Escribe una carta a Dios expresando tu amor y devoción.

Reflexión: Escribirle a Dios es abrir el alma en intimidad. Esta carta puede convertirse en un altar personal, un registro tangible de tu relación. No escribas para sonar bonito, escribe para ser sincero. Tu carta es incienso escrito que sube a Su presencia.

Texto clave: Salmo 45:1 – Rebosa mi corazón palabra buena; dirijo al rey mi canto.

Día 15 – Adorar Caminando
Adora mientras caminas, contemplando la creación como obra de Sus manos.

Reflexión: La creación entera habla de su gloria. Caminar con ojos espirituales abiertos te recuerda que estás rodeado de testigos de su poder. Este ejercicio conecta cuerpo, mente y espíritu en un mismo acto de adoración.

Texto clave: Romanos 1:20 – Porque las cosas invisibles de él, su eterno poder y deidad, se hacen claramente visibles desde la creación del mundo.

Día 16 – Los Nombres de Dios
Haz una lista de los nombres de Dios en la Biblia y adora por cada uno.

Reflexión: Cada nombre revela un aspecto de su carácter. Jehová Jireh, Jehová Shalom, Emanuel… al pronunciar cada nombre, tu adoración se enriquece. Los nombres de Dios son puertas de revelación que amplían tu visión de quién Él es.

Texto clave: Proverbios 18:10 – Torre fuerte es el nombre de Jehová; a él correrá el justo, y será levantado.

Día 17 – Ayuno y Cántico
Toma un momento de ayuno y acompáñalo con cánticos de adoración.

Reflexión: El ayuno no es solo abstinencia, es espacio para profundizar en Dios. Cuando lo unes a la adoración, el espíritu se eleva sobre la carne. Esto fortalece tu dependencia de Dios y te recuerda que tu satisfacción está en Él.

Texto clave: Mateo 6:17-18 – Pero tú, cuando ayunes, unge tu cabeza y lava tu rostro, para no mostrar a los hombres que ayunas, sino a tu Padre.

Día 18 – Escena Celestial
Lee Apocalipsis 4 y adora imaginando la escena celestial.

Reflexión: Adorar con los ojos puestos en la eternidad eleva tu fe. Esta visión del cielo llena de tronos, seres vivientes y cánticos eternos te recuerda hacia dónde te diriges. Tu adoración terrenal es un ensayo de lo que vivirás en gloria.

Texto clave: Apocalipsis 4:11 – Señor, digno eres de recibir la gloria y la honra y el poder.

Día 19 – Cántico en la Espera
Canta a Dios en medio de una situación que aún no se resuelve.

Reflexión: Cantar en la espera es fe en acción. No adoras porque ves la respuesta, adoras porque confías en el Dios que responde. El canto en la incertidumbre abre las puertas de la esperanza.

Texto clave: Hechos 16:25 – Pero a medianoche, orando Pablo y Silas, cantaban himnos a Dios.

Día 20 – Adorar Intercediendo
Haz una oración de adoración intercediendo por alguien más.

Reflexión: La adoración no es solo vertical, también se expresa horizontalmente en amor. Al interceder, reconoces que Dios es soberano sobre la vida de otros. Tu clamor se vuelve cántico que bendice a tu prójimo.

Texto clave: 1 Timoteo 2:1 – Exhorto ante todo, a que se hagan rogativas, oraciones, peticiones y acciones de gracias por todos los hombres.

Día 21 – Anticipo de la Eternidad
Cierra con un tiempo largo de adoración personal, recordando que un día cantarás eternamente delante del trono.

Reflexión: Este último día es una invitación a ver la adoración como estilo de vida. No termina en 21 días, se prolonga hacia la eternidad. Adorar es el lenguaje eterno del pueblo de Dios. Hoy ensayas la canción que nunca tendrá fin.

Texto clave: 1 Tesalonicenses 4:17 – Y así estaremos siempre con el Señor.

Oraciones del Corazón del Adorador

Adoración en Gratitud

1. Señor, hoy reconozco que todo lo bueno viene de Ti. Gracias por tu fidelidad que nunca falla. Mi vida se inclina en gratitud como un altar.
2. Padre amado, mi boca proclama que sin Ti nada soy. Mi gratitud es mi mejor cántico.
3. Dios eterno, aunque otros olviden agradecerte, yo levanto mi voz para reconocer tus bondades.

Adoración en la Prueba

1. Señor, mis lágrimas se vuelven incienso delante de Ti. Aunque duela, te adoro.
2. Padre, aunque no entienda, sé que tu trono permanece firme. Mi adoración lo proclama.
3. Jesús, recibe mi carga como sacrificio. Mi canto desafía la desesperanza.

Adoración en la Soledad

1. Espíritu Santo, aunque nadie me acompañe, Tú estás conmigo.
2. Señor, mi soledad se convierte en santuario cuando te adoro.
3. Padre fiel, aunque los hombres me abandonen, tu amor me rodea como un manto.

Adoración en Misión

1. Cristo, haz de mis pasos un cántico que anuncie tu nombre.
2. Dios, que cada palabra mía sea melodía que hable de Ti.
3. Señor, mi adoración no se encierra en canciones; me impulsa a proclamarte.

Adoración en Esperanza

1. Padre eterno, mi adoración anticipa la victoria que aún no veo.
2. Señor, mis cánticos aquí son ensayo de la eternidad.
3. Dios de gloria, mi voz no callará jamás, porque Tú eres mi canción sin fin.

Versículos Clave para el Adorador

Adoración en la Prueba

- Salmo 34:1
- Habacuc 3:17-18
- 2 Corintios 12:9
- Salmo 42:11
- Romanos 8:28

Adoración en la Victoria

- Éxodo 15:2
- Salmo 98:1
- 1 Corintios 15:57
- 2 Samuel 22:4
- Salmo 20:5

Adoración en la Soledad

- Juan 14:18
- Salmo 139:7
- Deuteronomio 31:6
- Isaías 41:10
- Mateo 28:20

Adoración en la Misión

- Mateo 28:19
- Isaías 12:4
- Hechos 1:8
- Romanos 10:14
- Marcos 16:15

Adoración en la Eternidad

- Apocalipsis 4:11
- 1 Tesalonicenses 4:17
- Apocalipsis 7:12
- Isaías 6:3
- Salmo 145:13
-

Aplicación general: Estos pasajes no son solo citas para leer, son ventanas para entrar en adoración. Cada uno ofrece un ángulo distinto: resistencia en la prueba, celebración en la victoria, consuelo en la soledad, impulso en la misión y esperanza en la eternidad.

Nota personal

Así como cada capítulo refleja un aspecto de la adoración, también hay cánticos que han acompañado mi caminar y me recuerdan estas verdades. Quizás al escuchar estas canciones, tu corazón se una a la misma melodía que inspiró muchas páginas de este libro. Estas no son exactamente la base escrita de lo que has leído, pero sí influenciaron con su temática e inmpacto en mi vida, fueron compañía en mis momentos de oración, desierto, quebranto y victoria. Te las comparto como un regalo adicional, con la esperanza de que también fortalezcan tu adoración:

- **Háblame** – Barak
- **Correré** – Freddie Rodríguez
- **Envuélveme en Ti** – Freddie Rodríguez
- **Amado de mi Alma** – Alex Márquez
- **Yeshua / Quiero Conocer a Jesús –** Llévame de Vuelta
- **The Voice of Truth** – Casting Crowns
- **Inexplicable** – Denicher Pol
- **Like Incense (Sometimes by Step)** – Hillsong
- **Even If** – MercyMe
- **Control** – Tenth Avenue North
- **You're Everywhere** – Third Day
- **Until the Whole World Hears** – Casting Crowns
- **Praise You in the Storm** – Casting Crowns

Agradecimientos

A mi Señor y Salvador Jesucristo

Primero, mi gratitud eterna es para Aquel que me llamó, me sostuvo y me dio propósito. Cada palabra de este libro, cada idea y cada verdad fue inspirada por Su Espíritu. Sin Cristo, no existiría mensaje, ni habría razón para seguir adelante en medio de las pruebas. Él ha sido la fuente de mi fuerza en los días de debilidad y la voz que me recordó seguir cuando todo en mí quería rendirse. A Él sea toda la gloria, porque solo Él transforma un corazón rendido en instrumento de Su Reino.

Jesucristo es el verdadero autor de esta obra. Yo solo he sido un escriba de lo que Su Espíritu ha depositado en mi interior. Mi oración es que cada página sea un reflejo de Su gracia y un testimonio vivo de Su fidelidad. Mi vida le pertenece, y mi adoración será siempre para Él, porque Él me ha enseñado que rendirse no es perder, sino ganar eternidad.

A mi esposa, Viviana

Mi gratitud profunda es para ti, mi compañera de vida y ministerio. Has sido mi ancla firme en los momentos de agotamiento y mi voz de aliento en los días más oscuros. Este libro también lleva tu huella, porque cada página fue sostenida por tus oraciones y tu presencia constante. Gracias por amarme sin exigir, por creer en mí incluso cuando yo dudaba, y por recordarme que la fidelidad a Dios es más importante que cualquier aplauso humano.

Viviana, sin tu apoyo silencioso y tu amor sacrificial, este proyecto no hubiera llegado a su fin. Me has enseñado que la verdadera adoración comienza en el hogar, con actos de gracia y verdad. Este último libro es también tuyo, porque lo escribí sostenido por tu amor, tu paciencia y tu fe inquebrantable.

A mis hijos Loudiely, Manasseh, Emmanuel y Luis

Ustedes son mi impulso más grande y la razón por la que deseo vivir una vida coherente entre lo que predico y lo que vivo. Cada vez que escribía, pensaba en el legado que quiero dejarles: que amen y sirvan a Dios con todo el corazón, no por obligación, sino por convicción. Mi anhelo es que, al leer estas páginas en el futuro, vean no solo un libro, sino el reflejo de un padre que creyó que la adoración es la clave de todo.

Loudiely, Manasseh, Emmanuel y Luis, ustedes son la corona que Dios me regaló en esta vida. Mi oración es que continúen este camino con pasión y entrega, entendiendo que nada en este mundo se compara con vivir rendidos al Señor. Si este libro inspira a miles, me alegro; pero si inspira primero a los cuatro, mi misión estará cumplida.

Al Reverendo Herminio Narváez Jr.

Gracias por creer en mí cuando yo mismo no creía. Me recibiste como oveja en mis años más difíciles, cuando mi carácter era un desafío y muchos hubieran preferido darme por perdido. Tu paciencia, amor y constancia fueron un reflejo del corazón pastoral de Cristo. Sembraste en terreno seco, pero tu fidelidad dio fruto, porque esas semillas se convirtieron en la base de lo que hoy soy.

Mi amado Pastor Junior, como lo llamaba con cariño, nunca olvidaré que fue bajo tu guía donde aprendí lo que significa ser una oveja verdadera. Me enseñaste que Dios ve más allá de nuestras fallas y que el amor perseverante de un pastor puede cambiar una vida. Hoy entiendo que la oveja que sigo siendo, rendida al Señor sobre todas las cosas, fue formada bajo tu cuidado y dirección.

Al Obispo Eric Perdomo

Mi gratitud también es profunda hacia ti, que tomaste la base de mi formación y la llevaste más allá. No solo me corregiste y me guiaste, sino que me modelaste lo que significa ser un líder apasionado y un trabajador incansable en la obra del Señor. De ti aprendí que la autoridad no se impone, sino que se gana a través de la humildad y el ejemplo.

Eric, tu influencia dejó marcas imborrables en mi vida. Fuiste mentor, amigo y ejemplo, mostrándome que se puede dirigir sin perder sencillez y que se puede ser firme sin dejar de ser humano. El líder que hoy soy se forjó en gran parte gracias a tu inversión en mí. Gracias por trabajar en mí con paciencia y por levantar en mí la visión de servir con excelencia y pasión.

Al Dr. Yattenciy Bonilla

Aunque nuestra amistad es reciente, el impacto ha sido inmediato y profundo. No solo me brindaste tu apoyo académico, sino que te convertiste en una voz clara de dirección y verdad en medio del ruido. Tus palabras han sido bálsamo, y tu humildad me enseñó que la grandeza no se mide por títulos, sino por servicio. Gracias por tu amistad sincera y por caminar conmigo en esta etapa final.

Además, quiero agradecerte por ser el prologuista de cada uno de mis libros. Has sido la voz introductoria que enmarcó mis escritos y les dio un puente hacia el lector. Este último libro también lleva tu huella, porque tu respaldo constante le da continuidad a toda la obra literaria que hoy concluye. Que Dios multiplique tu vida y tu ministerio, como multiplicó tu impacto en el mío.

Acerca del Autor

Diego A. Colón Batiz es un Obispo Ordenado y pastor principal de la Iglesia El Refugio en Winter Haven, Florida, afiliada a la Iglesia de Dios. Con una trayectoria de casi dos décadas en el ministerio, ha servido como pastor, mentor, educador y líder en distintos ámbitos de la iglesia local y regional. Su pasión ha sido siempre la formación de creyentes que vivan una fe práctica, profunda y fundamentada en la Palabra de Dios.

A lo largo de los años, ha desarrollado un ministerio marcado por la enseñanza clara, confrontativa y aplicable, con un énfasis en despertar al creyente a una vida de compromiso genuino con Cristo. Su predicación y sus escritos no buscan entretener, sino transformar. Cada página refleja su convicción de que el cristianismo verdadero es un llamado a la santidad, la obediencia y la adoración como estilo de vida.

Este libro marca la culminación de un recorrido literario que comenzó con *El Precio del Llamado: Lo que Significa Seguir a Cristo*, una obra que confronta al creyente moderno con la realidad del sacrificio y el costo del discipulado. A través de los años, cada libro posterior fue abordando de manera didáctica distintas áreas de la vida espiritual, desde la guerra espiritual y la formación ministerial hasta la madurez de la iglesia y la adoración como centro de la vida del creyente.

Con esta octava obra, Corazón Rendido Cuando la Adoracion se Convierte en Eternidad, se cierra un ciclo de enseñanza integral que ha acompañado a la iglesia a través de distintas facetas de su caminar. Desde la confrontación inicial hasta la esperanza final, cada libro ha sido escrito con el propósito de formar creyentes que entiendan que seguir a Cristo es más que una confesión: es un estilo de vida completo. Este último volumen reúne, en el corazón de la adoración, el punto de encuentro de todas esas enseñanzas.

El autor considera que este cierre no es un punto final, sino una pausa estratégica dentro del plan de Dios. Así como cada adorador ofrece su cántico en la tierra con la mirada puesta en la eternidad, cada libro ha sido un altar levantado con la esperanza de que fortalezca, enseñe y guíe a generaciones. El mensaje no termina en estas páginas, sino que continuará vivo en cada creyente que lo tome en serio y lo aplique en su vida.

www.ingramcontent.com/pod-product-compliance
Lightning Source LLC
LaVergne TN
LVHW010922110826
845149LV00013B/2445
9798993330228